돼지를 키운 채식주의자

돼지를 키운 채식주의자

이동호 지음

창비
Changbi Publishers

육식주의자도 구원받을 수 있을까

어린 시절, 아빠의 친목회에 따라갔던 날의 흥분을 기억한다. 그날이 오길 기다렸고, 더 자주 모이면 좋겠다고 소망했다. 어른들의 세계는 고기를 먹는 곳이었다. 회식을 하고 귀가한 아빠에게서는 늘 고기 냄새가 났다. 오늘은 돼지갈비인가? 간장이 졸아든 달콤한 냄새를 맡으면 고기가 불판에서 지글거리는 소리가 생생히 들렸다.

'고기 뷔페'라는 것이 생긴 건 초등학생 시절이었다. '리필'이라는 단어를 배웠다. 중학생 때는 '생고기 2500원' 식당이 생기면서 부모님을 대동하지 않고서도 식당에서 고기를 먹을 수 있게 되었다. 친구들끼리 고기를 먹으러 가면 마치 어른이 된 기분이었다. 군대에 가니 매 끼니마다 한가지 이상 고기반찬이 나왔다. 자취 시절 주메뉴는 제육덮밥과 순대국밥이었다. 점심으로 제육을 먹으면 저녁에는 국밥을 먹었다. 아니면 그 반대. 매일 먹어도 질리지 않았다.

운이 좋아 또래들보다 이른 나이에 직장 생활을 시작했다. 군인으로 10년을 지내고 나니 이제는 다른 삶이 살고 싶어졌다. 군 생활을 정리한 뒤 배낭을 메고 여행을 떠났다. 여행을 다니며 막연히 농촌에서 살고 싶다는 생각을 했다. 여행에서 돌아와 스물여덟에 귀촌을 했고, 충청도에 정착한지도 어느새 7년이 흘렀다. 귀농이나 귀촌이라고 하면 사람들은 대개 신선한 공기, 아름다운 자연 풍경을 떠올리곤 한다. 살아보니 그런 것들은 도시 사람들의 머릿속에나 있는 상상의 세계였다.

농촌은 도시가 커지는 만큼 피폐해졌다. 강준만 교수는 '지방은 내부 식민지'라고 표현하기도 했다. 농촌은 젊은이와 식량을 도시로 보냈고, 도시는 농촌으로 혐오 시설과 쓰레기를 보냈다. 석탄화력발전소, 원자력발전소, 폐기물처리장, 화학공장 등 각종 기피 시설이 지방으로 왔다. 축산업도 그중 하나다. 내가 이주한 지역은 하필 국내 최대 축산단지다.

전국에서 돼지가 가장 많이 사는 동네. 그건 사료를 싣고 오는 화물차와 돼지를 싣고 가는 화물차들이 종으로 횡으로 끊임없이 달린다는 말이었다. 이곳의 안개 낀 아침은 분뇨 냄새가 가득한 아침을 뜻했다. 새봄을 알리는 징표가 꽃이 아닌 '파리'라는 걸 의미했다. 빨래조차 편히 널지 못한다.

우리 동네에는 고기를 먹지 않는 사람이 많다. 소비하지 않음으로써 생산에 참여하지 않겠다는 의지다. 귀촌 후 귀얇은 나도 대세를 따르기로 했지만 채식은 만만하지 않았다. "라면에도 고기가 있다고요?" 채식에 대해 잘 몰랐는데, 시작하고 보니 세상 모든 음식이 지뢰밭이었다. 이런 나를 보고 부모님은 고기 사 먹을 돈도 없느냐며 혀를 찼다. 도시 친구들은 내게 채식의 이유를 물었다.

국가는 축산업을 꾸준히 키워왔다. 보조금과 면세라는 쌍두마차가 이를 견인했다. 육류 소비량도 폭발적으로 늘었다. 어떤 이는 그 덕분에 농촌 경제가 돌아가지 않느냐고 하고, 또 어떤 이는 값싼 고기를 먹으려면 어쩔 수 없는 일이라고 한다. 틀린 말은 아니지만 그렇다고 100퍼센트 맞는 말도 아니다.

최근에는 '한우 축제'라는 것까지 생겼다. 소비를 늘리고 브랜드를 만들어보려는 지방자치단체의 노력이다. 무대를 세우고 가수를 불러 풍악을 울리지만, 그 뒷모습은 참담하다. 가축은 점점 늘어나는데 인구는 꾸준히 줄어들었다. 이웃의 생계라고 생각하며 불편을 참아왔던 주민들도 더는 견디지 못했다. 악취 민원이 끊이지 않았고 주민 간 갈등이 심해졌다. 지역은 축산인과 비축산인으로 분열되었다.

한꺼풀 더 들어가면, 축산업의 폐해는 악취로 끝나지 않는다. 값싼 고기를 만드는 구조는 열악한 노동환경, 지하수 남용, 가축용 항생제로 인한 수*생태계 교란, 막대한 온실가스를 남겼다. 과도한 육류 섭취로 인한 건강 악화와 국가 보건 비용 상승도 빼놓을 수 없다. 채식을 말할 때, 내가 하고 싶은 이야기다.

나의 채식 생활은 꽤 오래갔다. 채식이라는 게 어려운 것

프롤로그

같으면서도 쉬웠다. 들과 밭에는 제철 나물과 채소가 넘쳐났다. 신선한 채소는 정말 맛있다. 직접 요리하면 어쩐지 더 맛있고, 기름이 들어가면 그냥 다 맛있다. 참으로 성스러운 삶이었다. 이만하면 천국 가겠다 싶었다. 내친김에 나는 이 복음을 만백성에게 전하기로 했다. 땅끝까지 구원의 첨병이 되리라. 하지만 나는 가까운 친구조차 전도하지 못했다. 가공식품과 외식 중심의 도시 생활자에게 채식은 어려운 선택이었다. 평생 고기를 먹어온 식습관을 갑자기 바꾸기도 쉽지 않은 일이었다. 세상은 텔레비전을 틀건 유튜브를 틀건 '먹방'이 나왔고, 음식의 주재료는 고기였다.

동화 『마당을 나온 암탉』* 이야기는 농장에서 시작된다. 암탉 '잎싹'이 평생 살았던 곳은 산란 농장이다. 닭은 산출 공식에 따라 알을 낳는 수단으로 살아간다. 산란 효율이 떨어지는 시점에 폐기되고 새로운 닭이 그 자리를 채운다. 더 많은 달걀을 생산하기 위해 닭들은 닭장 안에 빽빽이 넣어진 채 평생을 날개도 제대로 펴지 못하는 공간에 산다. 그러면 필연적으로 진드기가 생겨 계사에 살충제를 뿌려야 한다. 2017년 문제가 되었던 '살충제 달걀'의 다른 이름은 '공

---

* 황선미 『마당을 나온 암탉』, 사계절 2000.

장식 축산'이다. 농장을 뛰쳐나오고 싶었던 닭이 잎싹만은 아닐 것이다. 잎싹은 농장을 나와 마당으로, 마당을 나와 야생의 저수지로 모험을 떠난다.

잎싹은 '마당'을 동경했다. 자유와 생명이 있는 곳! 대부분의 사람들이 상상하는 동물농장은 아마 마당과 같은 모습일 것이다. 하지만 안타깝게도 진짜 농장 대부분은 공장식이다. 현실을 조금 고려해본다면, 그래도 유기축산 농장이 '마당'에 가까운 모습일 것 같다. 유기축산은 동물에게 유기농(=건강한) 사료를 먹이고, 성장촉진제를 사용하지 않으며, 항생제 같은 약이 필요 없는 쾌적한 환경에서 키우는 것을 말한다. 건강한 가축의 분뇨는 먹이를 기르기 위한 퇴비로 되돌아간다. 순환이 이루어지는 사육 방식이다.

애석하게도 '현실 마당'은 세상에 별로 없다. 유기축산 인증은 까다롭고 유지하기가 어렵다. 안정된 판로가 있는 것도, 큰돈을 벌어다주는 것도 아니다. 그런데! 운 좋게도 내가 우리나라에 1퍼센트밖에 없는 '마당 같은 목장'에 입성하게 되었다. 아차, 입사다.

'마당쇠' 생활은 흥미로웠다. 우유를 짜고, 똥을 치우고, 갓 태어난 송아지를 돌보았다. 동물을 돌보다보면 시간이 참 잘 갔다. 채식주의자를 자처하는 내가 목장에서 일하고 있으니 어쩐지 스파이가 된 것 같은 기분도 들었지만, 내게 마당쇠 생활은 채식과 다르지 않았다. 농촌을 지키기 위해 채식을 시작했던 것처럼, 마당을 돌보는 일도 농촌을 지키는 일과 같다고 생각했다.

그렇다고 마음이 마냥 편한 것은 아니었다. 마당에 가까운 것이 마당일 수는 없었다. 내가 일하는 곳은 양심적인 목장이지만, 그래도 생명을 길러 돈을 버는 곳이기에 한계가 있을 수밖에 없다. 국내에서 자급할 수 없는 건초를 수입해서 먹여야 하고, 초식동물인 소에게 곡물도 일정량은 먹여야 한다.

그즈음 자연양돈이라는 말을 처음 들었다. 자연양돈이란 간단히 말해 깨끗하고 적정한 크기의 축사에서 돼지의 본성을 억압하지 않으면서 사육하는 방식이다. 돼지들은 땅을 파며 놀고, 농가에서 나온 부산물로 만든 사료를 먹으며 천천히 자란다고 했다. 견학을 가서 내 눈으로 직접 확인도 했다. 그곳의 돼지들은 농촌을 파괴하지 않았고, 동물로서 충분히 존중을 받으며 사육되고 있었다. '이렇게 기른다면 먹어도 되겠다'라고 생각했다. 거창하게 표현하면 예의를 갖춘 고기랄까. 생명을 정성 들여 키우고 그 생명을 죽여서 먹는 과정을 통해 자연의 순환과 생명의 고귀함을 지킨다는 면에서 채식의 연장이라고 여겨졌다.

"곰아, 나는 네가 미워서 죽인 것이 아니란다. 나도 먹고 살려면 너를 쏴야 해. 죄가 되지 않는 다른 일을 하면 좋겠지만 (…) 할 수 없이 사냥을 하고 있단다. 너도 곰으로 태어난 게 업보라면 나도 사냥꾼인 것이 업보다. 곰아, 다음 생에는 곰으로 태어나지 마라."*

이 정도의 예의를 갖는다면.

예의를 갖춘 농장의 돼지를 눈앞에서 보니 감개가 무량했다. 이런 농장은 꿈과 희망 속에서나 존재하는 줄 알았다. 많은 이들이 돼지를 키우려면 어쩔 수 없다고들 했다. 동물에게 예의를 차리는 일은 취미로 할 때나 가능한 거라고. 하지만 그런 곳이 현실에 버젓이 있었다.

돼지의 꿀꿀거리는 소리는 행복 그 자체였다. 이곳에서 생산되는 고기가 돈 많은 사람만 즐길 수 있는 비싼 가격도 아니었다. 이렇게 키운 돼지를 먹는 것은 동물을 위한 일이 아니라, 실추된 인간성을 회복할 수 있는 고기(貴)한 기회 같아 보였다.

그렇게 결론이 났다 싶었는데, 생각은 다시 뫼비우스의 띠처럼 처음으로 돌아왔다. 돼지가 사는 동안 행복했다고

* 미야자와 겐지 「나메토코 산의 곰」, 『플랜던 농업학교의 돼지』, 차주연 옮김, 달팽이출판 2016, 14~15면.

하더라도 돼지를 잡아먹는 것은 괜찮은 걸까. 동물의 본성을 억압하지 않는 사육을 '동물복지'라고 하는데, 동물도 오래 살고 싶은 본성이 있지 않겠는가. 결국 잡아먹힐 거라면, 살아 있는 동안 행복했다는 것이 얼마만큼의 가치가 있는가. 질문들이 꼬리를 물었다. 모든 육식을 반대하는 극단적인 채식에도 의문이 생겼다. 답을 찾고 싶었다.

어느덧 마당쇠 2년 차가 되었다. 목장에서 어느 정도 자리를 잡았다고 생각한 나는 동충하초가 피어나듯, 숨겨두었던 본색을 서서히 드러내기 시작했다. 몇몇 젊은이들과 함께 '대안축산연구회'를 결성했다. 이름은 거창하지만 사실 개인들이 모인 동아리 형태로, 이곳에 모인 사람들은 축산인이자 유기농 농사를 짓는 친환경 농부들이다. 한우 30여마리, 젖소 60여마리 정도를 기르는 비교적 작은 규모의 축산도 병행한다. 우리 마을은 유기축산과 공장식 축산이 공존하고 있다. 현재의 축산 방식에 문제의식을 느끼던 사람들이 의기투합했다. 우리는 '공장'이라는 오명으로 실추된 농장의 위상을 되찾고 싶었다. 또다른 '잎싹'이 살아가는 농장을 '마당'으로 만들어보고 싶었다. 자유와 생명의 농장으로.

대안축산연구회 사람들과 이야기를 나누다보니 결국 나

는 돼지를 직접 키워보지 않고는 안 될 지경이 되었다. 1년이 조금 안 되는 기간 동안 세마리 돼지를 키우고, 잡아먹었다. 사람들은 내게 왜 돼지를 키웠느냐고 묻곤 했다. 이 글은 그 질문에 대한 나의 긴 답이기도 하다.

차례

2부
생명과 고기 사이

1부

공장과 농장 사이

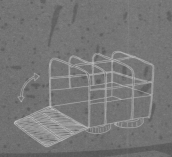

1.
돼지를 부탁해

대안축산연구회를 결성한 즈음인 2019년 봄, 돼지를 분양한다는 곳이 나타났다. 축산 수업 실습용으로 돼지를 키우던 농업학교의 암수 돼지 한쌍이 작년 겨울에 새끼 10여마리를 낳았다고 한다. 겨울 동안 새끼들이 무럭무럭 자랐는데, 축사가 가득 차서 새끼들을 분양하기로 했다는 것이다. 이런 소식이 내게 오다니, 이것이 바로 말로만 듣던 '간절히 원하면 온 우주가 나서서 도와준다'는 그 우주의 기운인가?

곧장 학교에 연락을 했다. 전화를 받으신 분은 내가 돼지를 잘 키울 수 있는지 묻지도 따지지도 않았다. 오히려 인계 날짜를 재차 확인하는 것을 보니 사정이 급한 눈치였다. 암수 새끼 한마리씩을 받기로 했다. 돼지의 이사 날짜를 한달쯤 후로 정하고 그에 맞춰 돼지우리를 짓기로 계획을 세웠다.

우리나라 최대의 돼지 사육 지역에 살면서도 나는 60만마리에 가까운 돼지 중 단 한마리도 실제로 본 적이 없었다. 돼지들은 샌드위치 패널로 만들어진, 사방이 막힌 축사에 산다. 그리고 축사 입구에는 출입 금지 팻말이 세워져 있다. 이전에 돼지를 키워본 적도 물론 없다. 그럼에도 막연한 자신감에 가득 차 있었다. 자, 이제 돼지를 키울 보금자리를 만들자. 그런데 아뿔싸… 돼지우리를 머릿속에서 짓는 것과 현실에서 짓는 것은 완전히 달랐다. 한달 가까이 시간이 지났는데도 돼지우리 터는 여전히 빈 땅 그대로였다. 도무지 진척이 되지 않았다. 그러는 사이 분양받을 돼지는 두마리에서 세마리로 늘어나버렸다.

"어차피 키우는 거 두마리나 세마리나 똑같잖아요. 부탁해요."

돼지우리를 얼른 비우고 싶어하던 학교였다. 부탁까지 하는데 거절할 수야 없지 싶었다. 상황을 과소평가하는 버릇이 문제를 키운다. '기껏해야 송아지 정도겠지.' 젖소 목장에서 일하는 깜냥으로 예단했다. 나중에 깨달았지만 두마리와 세마리에는 엄청난 차이가 있었다.

나는 목부牧夫(목장에서 소를 돌보는 사람)다. 송아지는 40킬로그램으로 태어나 백일쯤 100킬로그램이 된다. 대단한 성장 속도다. 하지만 크다 해도 송아지는 아기(아지)다. 백일이 되면 젖을 떼고, 젖을 먹는 축사에서 젖을 먹지 않는 우리로 이사를 한다. 이때 송아지에게 우유병을 물려 어르고 달래

1부 공장과 농장 사이

면 언덕을 넘어 원하는 곳까지 쉽게 데려갈 수 있다. 게다가 암소는 굉장히 온순한 동물로 알려져 있다. 다 크면 500킬로그램의 거구가 되지만 성질은 순하다.

내심 '그까짓 돼지'라고 얕본 게 틀림없다. 사실 돼지라고는 일요일 아침 「TV 동물농장」에서 본 미니 돼지가 다였다. 경험의 유연함을 발휘해본다면 『아기 돼지 삼형제』 이야기 정도. 무려 말하는 돼지다. 의인화된 꿀꿀이가 내가 가진 돼지의 상(像)이었다.

돼지는 8개월이면 어른이 된다. 임신을 하고 새끼를 낳을 수 있다는 말이다. 1킬로그램으로 태어난 돼지가 16주 만에 75킬로그램이 된다는 사실을 몰랐다. "백일 지났어요"라는 말에 '두 손으로 번쩍 들 수 있는' 아기 돼지를 떠올렸다. 젖소 목장에서밖에 일해보지 못한, TV로 동물을 배운 '시

상상도
「두 손으로 돼지」.

티 보이'의 한계였다. 하지만 무식하면 용감하고, 앞날을 보지 못하면 마음이 편한 법이다. 그때까지만 해도 별다른 부담은 없었고, 이 정도면 되겠다 싶은 선에서 준비를 마무리했다.

돼지를 분양받기로 한 날이 되었다. 나를 포함한 장정 여섯 명이 함께 점심을 먹고 트럭에 올라탔다. 학교에 도착하자 해맑게 웃는 나를 선생님은 바로 축사로 안내했다. 창고같이 생긴 회색 건물이었다. 축사는 어둡고 퀴퀴한 냄새가 났다. 축사 입구에서부터 긴 복도가 펼쳐지고, 왼쪽에 방처럼 구획이 나누어져 있었다. 깊은 어둠 속에서 소리가 들렸다. "킁, 킁, 킁." 빠르고 낮은 스타카토 울음. 눈이 차차 어둠에 적응하자 그림자 사이로 검은 형체가 보였다. 낯선 이들의 등장에 검은 형제들이 흥분해 있었다.

내 생애 첫 '백일 돼지'였다. 뻑뻑하고 억센 털. 검은 털 때문인지 몸이 더 커 보였다. 검은 형체를 뚫고 크고 찢어진 눈이 보였다. 생애주기로 보면 사춘기쯤을 지나고 있는 돼지들은 질풍노도의 기세를 뿜어댔다. 그악스러운 실험을 견디다 못한 동물이 인간에게 무자비한 복수를 하는 영화가 떠올랐다. 그 영화가 어떻게 끝났더라… 선생님은 결말을 기억해내려는 내게 여유를 주지 않았다. 한시라도 빨리 교무실로 돌아가고 싶어하는 눈치다. 돼지 방으로 연결된 쇠문을 말

없이 연 이유가 또 뭐가 있겠는가.

'괜찮아. 덩치만 컸지 아직 세상 구경도 못해본 풋-돼지들이야.'

스스로를 다독여보았지만 오금이 저리는 것은 어쩔 수가 없었다. 멧돼지를 만나면 위험하니까 산나물을 뜯으러 갈 때는 꼭 두 사람 이상이 함께 가야 한다고 동네 이모가 말한 적이 있다. 그때 코웃음 쳤던 내 눈앞에 커다란 돼지가 있었다. '자, 손님들이 모두 온 것 같으니 그럼 행사를 시작해볼까'라고 돼지들이 말하는 것 같았다. 백일 돼지들이 '백일잡이'를 시작하려 했다.

"선생님, 아기 돼지는 어디에…?"

고개를 돌렸으나 이미 아무도 없었다. 선생님은 교무가 바쁘신지 축사 밖으로 나갔고, 안전을 위해 문을 꼭 닫으셨다. 찬바람이 등골을 스쳤다.

그래, 얘기는
많이 들었꿀.

2.
함정에 빠진 건 아닐까요

람보 Y가 나설 차례다. 나도 아주 준비 없이 간 것은 아니다.

장정 네 사람에 추가로 람보 Y를 섭외했다. 나와 또래인 람보 Y는 Y대학 축산학과를 졸업하고 강원도 산골에서 돼지를 키웠다. 돼지의 요람에서 무덤까지, 도축에서 가공까지, 돼지의 전 생애를 거쳐온 돼지 전문가, 람보 Y. 얼마나 많은 돼지가 그의 인생에 있었는가. 이제 그는 손을 씻고 친환경 농부가 되었다.

동물의 세계를 떠나 친환경 농부가 되었지만, 매사에 거침이 없는 람보 Y의 성정은 조금도 변하지 않았다. 일례로 그는 보안경을 쓰지 않고 예초기를 돌리곤 했다. 그건 '절대 금지'를 '겁쟁이'라고 읽었을 때나 할 수 있는 행실이다. 고속으로 회전하는 칼날에 부딪힌 돌멩이가 사방으로 튀기 때문에 보호 장비 없이 예초기를 돌리는 일은 위험하다. 날아간 돌멩이는 자동차 유리창을 깰 정도로 위협적이다. 2행정 엔진two-stroke engine의 굉음과 매캐한 연기 속에서 펼쳐지는 풀과의 육탄전. 갈가리 찢어진 풀이 튄 그의 찌푸린 얼굴은 흡사 상처 입은 맹수의 모습 그 자체였다. 어느 날은 람보 Y의 눈이 퉁퉁 부어 있어 왜 그러느냐 물으니 예초를 하다 쇳조각이 눈 쪽으로 튀었단다. 새벽에 응급실에 다녀왔는데, 안약 몇방울로 금세 다시 눈을 떴다고 아무렇지 않게 이야기했다. 그 사건 후로 람보 Y의 눈에서 레이저가 나온다는 풍문이 돈다. 이제 그는 선글라스를 끼고 예초기를 맨다. 한여름에도 청바지를 입는 그는, 오늘도 청바지를 입고 왔다.

람보 Y가 '코걸이'를 꺼냈다. 돼지의 힘은 코로 모인다고 한다. 모든 동물에게 빠르게 달리거나 뿔이 나는 등 각자의 능력과 특징이 있는 것처럼 돼지는 코가 특별한 능력을 발휘한다. 두툼한 몸체에 비해 다리가 가냘프지만, 코와 함께라면 돼지는 작은 굴착기가 된다. 땅을 팔 때는 콧구멍을 닫을 수도 있다. 거꾸로 코를 잡히면 제압당한다.

코걸이는 이런 돼지의 특성을 이해한 발명품이다. 정식 명칭은 코 보정기. 피아노 줄을 동그랗게 만들어놓은 작은

코 보정기.

고리인데, 당기면 죄이고 밀면 풀리는 단순한 구조다. 이 고리를 돼지 입 근처에 가져가 입을 살살 건드린다. 돼지가 줄을 무는 순간 손잡이를 당겨 고리를 조이면 고리가 돼지의 콧등과 이빨에 걸리게 되고, 뒤로 당겨서는 절대 빠지지 않는다. 당황한 돼지는 뒷걸음치지만 당길수록 줄이 코를 더 조인다. 앞으로 가는 것이 고리를 푸는 유일한 방법인데 돼지는 당황하면 본능적으로 뒷걸음질을 친다. 돼지가 좌우로 세차게 몸을 흔들어도 파도를 타듯 움직임을 맞춰주기만 하면 절대 풀리지 않는다.

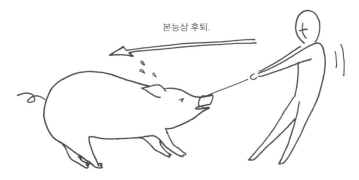

본능상 후퇴.

하지만 돼지들이 코걸이를 물지 않았다. "멧돼지 피가 섞인 돼지예요"라던 선생님의 말씀이 기억났다. 그 말을 들을 때만 해도 이 무슨 초등학교 운동장에 서 있는 이순신 장군님 동상이 매일 밤 굴렁쇠 굴리는 소리인가 싶었다. '그것참 농업학교다운 전설이군' 하고 생각했다. 이제야 그 말이 무슨 의미인지 알 것 같았다. 우리의 돼지들은 조상이 누구인지 척 보면 알 수 있는 외모였다. 흑돼지들이 전사처럼 보였다. 뜨거운 열기가 축사를 채웠다. 람보 Y의 이마에 땀이 흘렀다. 몇번의 기회가 오고, 몇번의 실패가 이어졌다. 돼지는 꾹 다문 입을 열지 않았다. 입을 다물면 코걸이도 소용이 없다. 람보 Y의 평정심이 흔들리고, 다 같이 흥분의 도가니탕으로 빠져든다.

"꾸욱, 꾸욱."

"킁킁."

돼지 소리만 축사에 울렸다. 지하 감옥을 연상시키는 방은 도망치는 이에게는 좁고 쫓는 이에게는 넓었다. 나는 어쩐지 이곳이 좁게 느껴졌다. 나는 쫓는 이인데? 아닌가? 도망가야 하나? 긴장이 절정에 달했다.

"꿱!"

돼지가 비명을 지르고, 세마리 중 누가 먼저랄 것도 없이 각자의 방향으로 달렸다. 우다다다. 그러고는 구석으로 들어가 잠시 숨을 고른 뒤에 다시 뜀박질. 우다다다. 분신술을 부리듯 세마리 돼지가 한데 뒤섞였다 다시 셋으로 갈라졌다. 누가 누구인지, 누구를 쫓던 길인지, 누구를 쫓아야 할지 모르겠다. 우다다닥.

"쾅광!"

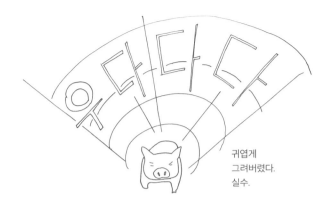

귀엽게
그려버렸다.
실수.

왜지? 축사 철문이 부서졌다. 돼지를 포함한 모두의 고개가 열린 문 쪽으로 돌아갔다. "막아!" 람보 Y가 외쳤다. 대혼란. 이곳에 갇힌 것은 돼지인가, 나인가. 돼지의 함정에 빠진 것은 아닐까. 돼지의 육덕진 기세에 눌려버렸다. 아까 떠올린 영화의 첫 장면이 머릿속에 펼쳐졌다. 이런 영화에서는 보통 처음 등장하는 인간은 금방 죽었던 것 같다. 나는 용기를 짜냈다. 두 주먹을 불끈 쥐고 가장 가까운 벽으로 빠르게 달려가 벽에 등을 밀착한 채 용맹한 차렷 자세를 유지! 그대로 껌딱지로 빙의했다…

그때 람보 Y가 코걸이를 집어 던졌다. 그는 돼지의 기세에 흔들리지 않고 침착히 작전을 변경했다. 8밀리미터 PP로프를 가져온 것이다. 웬만해서는 끊어지지 않는다는 공포의 나일론이다. 그는 천천히 매듭을 만들었다. '아, 저것은 지옥에서 온 매듭법!' 람보 Y는 오직 한마리에게만 시선을 고정하고 있었다. 풍문으로만 떠돌던, 눈으로 레이저 쏘는 장면을 오늘 볼 것만 같다.

람보 Y가 완성된 매듭을 돼지에게 살짝 걸어보았다. 다리에 걸릴락 말락, 목에 걸릴락 말락, 걸리지 않았다. 애달픈 매듭이 허공을 맴돌고, 보는 이들의 입에서는 탄성이 터져 나왔다. 이쯤 되자 람보 Y의 인내심도 바닥이 났다. 그가 갑자기 밧줄을 내던지고는 와락 달려가 돼지 꼬리를 잡았다. 람보라면 역시 기승전-육탄전인가. 전문용어로 이판사판.

"꾸엑!"

놀란 돼지가 소리를 질렀다. 한 옥타브 높아진 비명이 머리를 때렸다. 어쩌지 저쩌지… 예상치 못한 사태에 정신이 아득해졌다. '아오, 이것들이 정말!' 더이상 참지 못한 나는 벽에 붙은 껌딱지 상태 그대로 '용맹한 발-동동-구르기'를 추가했다. 그때다! 그림자 하나가 번개같이 지나갔다.

3.
돈 워리, 맨

그림자의 주인공은 우리 중 가장 건장한 철인 W였다. 그는 우리 농촌의 떠오르는 희망이자 천길 나락으로 떨어지는 농업을 구원할 꿈나무다. 더이상 바닥이 있을까 싶을 만큼 암울한 세계로 뛰어든 철인 W. 젊은이들이 몸뚱어리 하나 믿고 귀농한다지만, 그의 몸은 특별했다. 육신의 갑이랄까? '육갑' 철인 W는 키 180센티미터에 몸무게 80킬로그램, 다부진 어깨와 꾹 다문 입술, 그리고 어쩐지 신뢰가 가는 찢어진 눈을 가졌다. 철인삼종경기에도 참가했다는데, 도시 서생이 주를 이루는 귀농인 세계에서 그의 신체는 단연 돋보였다.

우리 동네는 유기농사가 일반화되어 있어 제초제를 쓰는 농부가 거의 없다. 그럼에도 잡초는 제거해야 하기에 예초기로 풀을 깎는다. 농번기에 젊은이들은 논둑 풀 깎기 아르바이트를 한다. 일명 '예초기질'이라고 하는데, 철인 W의 예초기질은 예사 예초기질이 아니었다. 1000평 논의 테두리를 깎는 데 보통 사람은 두시간이 걸리고, 그 이후로는 점점 더 느려진다. 기계 진동과 소음은 사람을 쉽게 지치게 한다. 반면 철인 W는 30분이면 충분했다. 무려 담배 한대 피우고 물 한모금 마시고도 말이다. 네 사람이 할 일을 그는 혼자서 했다. 그가 나타나면 풀들이 바싹 엎드렸다. 풀로 태어나지 않아 다행이라는 생각을 처음으로 했다. 풀 깎기 아르바이트가 그에게 몰리는 것은 자연스러운 수순이었다. 풀은 매일 새롭게 자라났다. 예초기질을 해 번 돈으로 트랙터를 샀다는 소문이 돌았다.

다시 돼지에게로 돌아와서. 그런 철인 W가 람보 Y의 사투에 참전했다. 180센티미터 거구의 태클은 대단했다. 뒷모습이 사자와 같았다. 분명 '이 새끼'라고 외쳤는데 내 귀에는 '어흥'으로 들렸다. 고질라와 사자의 협공이다.

"어흥, 어흥."

"캬오!"

꼬리를 잡힌 돼지의 안다리를 철인 W가 후렸다. 뒷다리를 걸어 넘어뜨리고는 그 큰 몸뚱이로 돼지를 눌렀다. 돼지도 백일 평생에 철인 W 같은 생명체는 처음 만났겠지.

"꽥!"

대세가 역전되자 졸개들(=나)이 숟가락을 얹기 위해 달려들었다. 이 찰나를 놓치지 않고 람보 Y가 돼지의 주둥이와 네 다리를 묶었다. 순식간이었다. 일말의 주저함도 없는, 실로 지옥에서 온 매듭법이라 할 만했다. 돼지는 꼼짝하지 못했다. 한마리가 먼저 잡혀 세마리의 삼위일체 분신술에 구멍이 생기자 철옹성은 곧 무너졌다.

세마리를 차례차례 트럭에 싣고 화물칸 한쪽 벽마다 한마리씩 묶었다. 차렷 자세를 너무 격렬히 유지한 탓일까? 손에 힘이 들어가지 않아 내가 묶는 매듭이 계속 풀렸다. 몸이 약해지니 마음도 덩달아 약해졌다. 돼지가 이런 맹수인 줄 미처 몰랐다. 덜컥 막막한 기분이 들었다. 돼지 키우는 일을 너무 쉽게 생각한 건 아닐까? 이제 시작인데, 앞으로의 일들을 감당할 수 있을까? 돌아가는 길, 자책의 회초리를 들었다. 나는 왜 항상 저지르고 나서 현실을 보는 것인가. 이제라도 죄송하다고, 없던 일로 하자고 할까. 아오, 왜 벌써 자랑을 해가지고… 이놈의 입방정이 나를 또 구렁텅이로 끌고 가는구나. 자존심 때문에 무를 수도 없었다.

이런저런 생각으로 머릿속이 복잡한 동안 트럭이 터덜터덜 도로 위를 달려 돼지우리 터에 도착했다. 돼지우리는 아직 미완성 상태였다. 소를 이동시킬 때 쓰는 철제 트레일러를 돼지들의 임시 거처로 쓰기로 했다. 친구들은 포박된 돼지들을 내려주고 (서둘러) 떠났다. 돼지들은 여전히 흥분한 채로 씩씩 거친 숨을 내뱉었다.

이제 돼지 다리를 묶고 있는 밧줄을 풀어야 했다. 친구들

1부 공장과 농장 사이

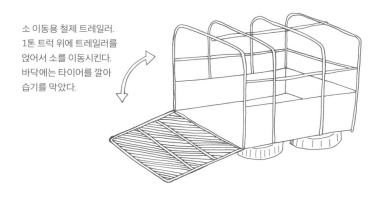

소 이동용 철제 트레일러. 1톤 트럭 위에 트레일러를 얹어서 소를 이동시킨다. 바닥에는 타이어를 깔아 습기를 막았다.

은 없었다. 철창 안에 있는 것은 돼지와 나. 정확히는 3 대 1. 나를 주시하는 돼지들의 눈빛에서 살기가 느껴졌다. 성난 콧바람에 먼지가 날렸다. 밧줄을 끊는 순간 돼지가 나를 물지 않을까 겁이 났다. 낫으로 줄을 끊으려는데 하필이면 오늘따라 녹슨 낫을 집어 왔다. 돼지 곁으로 더 가까이 다가가 줄을 잘랐다. 쓱싹쓱싹. 옳지, 끊어졌다. 끊자마자 쇠창살 밖으로 점프. 벽에 매달려 돼지들의 동태를 살폈다. 공격 의사는 없어 보였다. 완전히 안심할 수는 없어 밧줄을 한땀 한땀 끊고 철창 밖으로 탈출하길 여러번, 돼지들은 누운 채로 이 인간이 대체 무슨 짓을 하는지 쳐다만 보고 있었다. 도망치고 붙잡히느라 돼지들도 지쳤던 것이다. 끈을 모두 풀고 멀리서 보니, 그제야 좀 어린 돼지 같아 보였다.

4.
샌님의 돼지우리 만들기

돼지들의 임시 거처인 소 이동용 철제 트레일러에는 아무것도 없었다. 철 바닥 가장자리로 쇠창살이 둘러쳐져 있고, 뻥 뚫린 천장으로는 햇빛이 그대로 들어왔다. 음용수 시설도 밥그릇도 깔짚(바닥에 까는 마른풀)도 없었다. 돼지는 털이 조밀하지 않아 햇빛에 화상을 입을 수도 있다. 물과 밥을 임시 그릇에 떠주었지만 물그릇은 엎지르기 일쑤였고 식사 잔해는 바닥을 금세 지저분하게 했다. 질척거리고 냄새가 났다. 잘 키워준다고 데려왔는데, 더 열악한 생활 여건이 되고 말았다. 마음이 급해졌다.

돼지들의 보금자리에 돼지가 놀고 쉴 수 있는 '운동장'을 만들 것이다. 잠은 트레일러에서, 생활은 운동장에서 하게 하려는 계획이다. 트레일러 주변으로 울타리를 둘러 운동장을 만들고 울타리에는 전기가 흐르게 한다. 영화 「쥬라기 공원」에서 성난 티라노사우루스가 쫓아오는 심장 졸이는 장면을 기억하는 분들이 있을지 모르겠다. 그때 티라노사우루스를 막아낸 것이 바로 전기 울타리였다. 최고의 포식자로 알려진 고대 생물조차 현대 과학 앞에서는 속수무책이다. 수만 볼트의 전기가 돼지를 탈출하지 못하게 할 거라 믿었다. 직접 경험한 바로는 전기 울타리에 감전된다 해도 다치지는 않고 놀라기만 하는 정도다.

돼지를 흙에서 기르고 싶었다. 우리나라 돼지의 99퍼센트는 평생 흙을 밟아보지 못한다. 사방이 막힌 시멘트 방에서 분말 사료만을 먹으며 6개월이라는 짧은 생을 산다. 우리 법은 동물을 흙에서 기르는 것을 금지하고 있다. 동물의 똥오줌이 지하수나 하천에 유입되는 것을 막기 위해서란다. 하지만 인간이 돼지를 길들인 1만년의 세월 동안 인간과 가축, 자연 사이에 오염은 없었다. 오염은 동물을 과도하게 밀집시켜 키우면서 생겨났다. 축사의 돼지는 자신들이 배설한 분뇨의 늪 위에 설치된 발판에 서서, 고농도의 암모니아 가스와 분뇨 먼지 속에서 살아간다. 겨우 6개월을 살 뿐인데도 도축 시 반 이상이 폐 질환을 갖고 있다.

99퍼센트의 돼지는 도축장에 가는 날 처음으로 햇빛을 본다. '무창돈사'라는 창문이 없는 축사에서 평생을 산다. 돼지는 생물이기 때문에 과도한 밀식은 정신적인 문제도 일으킨다. 개만큼 똑똑하며 호기심 많은 돼지에게 먹고 자는 것 외에 아무것도 허용되지 않는 생활은 이상행동을 야기하기에 충분하다. 다른 돼지를 공격하는 행위가 그중 하나다. 그래서 새끼일 때 미리 송곳니를 뽑고 꼬리를 자른다. 꼬리는 완전히 자르지 않고 조금 남겨두는데, 물지 못하는 길이가 아니라 건드리면 아픈 길이다. 자극에 민감하게 만들어 서로 물지 못하게 한다. 작은 상처가 큰 상처가 되기 쉬운 환경인 데다가, 상처가 생기면 값을 제대로 받지 못할 수 있기 때문이다.

습하고 불결한 환경에서 빽빽하게 살면 누구라도 병이 난다. 돼지들이 자라는 동안 겪는 흔한 질병은 설사다. 산업계의 해결 방법은 항생제다. '건강한' 돼지가 아니라 '더 빨리, 더 많은' 돼지 사육이 목표이기 때문이다. 무無항생제가 오히려 동물복지에 반한다고 말하는 사람도 있다. 아픈 이에게 약을 주지 않는다니, 이보다 무자비할 수는 없다고 말이다. 하지만 병에 걸리는 원인에 대해서는 침묵한 채 치료만 논하는 것은 옳지 않다. 게다가 현장에서의 항생제 사용량은 감기약 수준이 아니다. 병의 전파를 막기 위해 같은 방의 돼지들에게 항생제를 일괄 투약한다. 전세계에서 생산되는 항생제의 70퍼센트는 가축에게 쓰인다.

물론 전통적인 방식으로 돼지를 건강하게 키우는 농부도 있다. 건강한 돼지가 영양 면에서도 좋다는 사실을 우리는 안다. 그러나 제육볶음을 7000원에 먹으려면 그런 돼지

고기는 사용할 수 없다. '서민의 고기'라는 허울 좋은 호칭은 가장 잔인한 사육 방식으로 만들어진다.

기업 규모의 식육 생산에서는 생산성 제고를 위해 엄청난 개체 수의 동물을 좁은 우리 안에 가둬놓고 키우는데, 이러한 환경은 질병의 빠른 확산을 초래한다. 그 때문에 많은 업자들이 사료에 으레 항생제를 첨가해 병원균을 통제한다. 이러한 관행은 동물의 성장 속도와 사료의 효율성도 높이는 이중의 이점이 있는 것으로 드러났다. *

그렇다고 한없이 넓은 장소에 풀어놓고 키울 수는 없다. 농작물을 먹을 수도 있고 영영 떠나버릴 수도 있다. 울타리를 쳐야 하는데, 웬만한 울타리로는 돼지를 가둘 수 없다. 돼지 주둥이는 땅파기에 최적화되도록 진화해왔다. 땅을 파서 먹이를 찾거나 상대를 공격할 때 모두 코를 쓴다. 울타리와 땅바닥 사이, 벽과 벽 사이에 조금의 틈이라도 있으면 주둥이로 비집어 구멍을 낸다. 몸 전체가 통나무가 되어 지렛대처럼 바위도 들어 올린다. 어떻게 만들어야 철벽의 울타리가 될지, 가닥을 못 잡은 채 입주 날이 다가왔다. 단순하

•   해럴드 맥기 『음식과 요리』, 이희건 옮김, 이데아 2017, 202면.

게 나무 '파렛트'(지게차로 하역 작업을 할 때 쓰는 화물용 틀)를 이어 붙여 장벽을 만드는 것이 속 편한 일인 듯했다. 목장에는 사료나 톱밥 등 화물 배송을 받으며 쌓인 파렛트가 많이 있었다. 하지만 파렛트는 무겁고 나무를 일일이 자르는 건 너무 큰일처럼 느껴졌다.

'아니, 이것은?!'

동네 형의 창고를 뒤지던 나는 '전기 목책기'를 발견했다. 목책기는 전기 울타리에 전기를 보내는 기계다. 전기가 흐르는 울타리에 물체가 닿으면 고압의 전기가 통한다. 9500볼트의 위력은 말벌에 쏘이는 느낌이랄까, 몽둥이로 한대 '퍽' 맞는 기분이랄까. 깜짝 놀라는 것에 비해 사실 다치지는 않지만, 전기의 맛은 실제보다 더 큰 고통으로 기억된다. 500킬로그램의 소도 전기에 한번 쏘이면 다시는 가까이 가지 않는다. 목책기 하나로 15킬로미터짜리 울타리를 만들 수 있다. 설치가 간단하면서도 효과가 커 일반 농가에서는 주로 고라니나 멧돼지 방지용으로 활용한다. 외국에서는 동물을 초원에 방목할 때 많이 쓴다. 물론 사람도 똑같이 쏘일 수 있다(울타리가 쳐진 밭을 서리할 땐 조심하자).

돼지의 지능은 어떤 부분에서는 개보다 더 발달해 있다. 그래서 전기 목책기의 효과가 좋단다. 전기에 쏘이면 아프고, 고통이 전깃줄에서 생긴다는 과정을 '추론'하고 '기억'한

전기 목책기.
코끼리 그림이
의미심장하다.

전기 송출

220 V
전원 연결

땅에 연결

다. 학습 능력은 목책기 효과를 배가시킨다. 대안 양돈을 배우기 위해 견학 갔던 곳의 야산 방목장에서도 전기 목책기를 사용하고 있었다. 그런 목책기가 창고에서 나를 기다리고 있다니! 어떤 우주적 시나리오가 앞길을 열어주고 있음을 느꼈다. 전기 목책기로 돼지우리의 울타리를 만들기로 했다.

전기 울타리는 내가 일하는 목장의 방목장에서도 쓰는 장비다. 설치하는 방법도 (이론상으로는) 어렵지 않다. 먼저 1.5미터 길이의 쇠막대를 2미터 간격으로 땅에 박아 기둥을 세운다. 그런 다음 나일론과 철선을 꼬아 만든 줄로 전체를 두르면 수 킬로미터 길이의 전기 회로가 된다. 여기에 전기 목책기를 연결하고 코드를 꽂으면 전기가 흐른다. 목책기에서 전기를 보내는 '틱틱' 소리가 들린다.

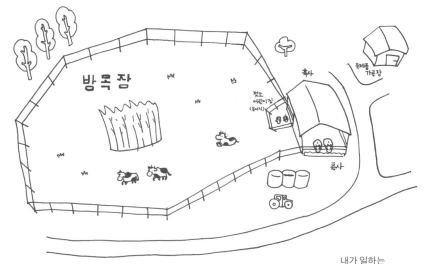

내가 일하는
유기농 젖소 목장 조감도.

목책기로 울타리를 만들면 되겠구나. 방향은 정했으나 전봇대에서 돼지를 키우는 곳까지 전기를 끌어오는 것이 문제였다. 첨단의 장비도 전기가 없으면 말짱 황이다. 귀촌하기 전까지만 해도 전기는 여기저기 있는 콘센트에 코드를 꽂거나 스위치만 누르면 연결되는 건 줄 알았다. 그런데 돼지우리에서 가장 가까운 콘센트까지 200미터는 떨어져 있었다. 빛의 속도로 이동하는 전하에게 200미터는 별것 아니지만 전선이 없으면 소용이 없다. 아무것도 없이 시작했다면 전기 연결이 필요 없는 태양광 목책기를 샀을 것이다. 하

1부 공장과 농장 사이

지만 (빌린 것이지만) 이미 갖고 있는 목책기를 두고 돈을 쓰고 싶지 않았다.

'직접 전기를 만들겠어!'

이왕이면 무한한 태양 빛을 이용하고 싶었다. 태양광 패널로 전기를 만들어보겠다니… 샌님, 제 버릇 못 고치고 또 옆길로 들어섰다. 울타리를 세우다 말고 태양광 발전에 관한 책을 사서 공부를 시작했다. 교류와 직류, 컨트롤러와 인버터, 전류와 용량, 옴의 법칙… '오, 고등학교에서 배운 내용이잖아?'

그렇다. 잊고 있었지만 항공과학고등학교를 졸업한 나는 국제민간항공기구[ICAO] 기준에 따른 '항공정비사 면허' 소지자였다. 오늘을 위해 전자기학을 공부한 것이다. 시험과 평가로 점철된 내 학창 시절은 헛되지 않았다. 이 정도 내용은 한번만 읽어도 태양광 입자가 반도체를 자극해 전위차를 발생시키고, 전하가 이동하면서 전기가 발생한다는 것이 머릿속에 착착, 그려지기는 개뿔. 처음 보는 것처럼 너무 새로운 내용에 놀랐다는 사실이 나를 놀라게 했다. 결국 태양광 발전 패널과 배터리, 인버터의 연결과 작동 가능성에 대해 전기 전문가에게 문의했다. 이야기를 차분히 들은 후 전문가가 말했다. "직접 만든다면 만족감을 느낄 수 있다는 점에서 정신건강은 좋아질 것 같습니다." 현명한 사람이었다. 그냥 사라는 소리였다.

작전 B다. 태양광 발전은 포기하고 단순하게 가기로 했다. 200미터짜리 전선을 만들자. 철물점에서 200미터짜리 전깃줄 한 롤과 콘센트, 코드를 사서 연결했다. 이쪽에서 끼우고 저쪽에서 스위치를 올리며 200미터 끝에서 끝으로 왕복하길 여러차례. "틱틱." 콘센트에 코드를 꽂자 목책기가 작동할 때 나는 특유의 소리가 났다. 마른땅에 물이 솟는 듯한 기쁨이었다.

이제 전기 목책기가 제대로 작동하는지 확인할 시간이다. 관련 내용을 찾아보니 외국 농부들은 전선에 센서를 연결해 전압을 측정하는 방식으로 전기가 통하는지 확인했다. 쫀쫀한 절연 장갑까지 끼고 전압을 측정한다. 선진국스러운 품격이 느껴졌다. 다만 나는 그 모습을 보며 '겁쟁이'라고 생각했다. 나는 조금 원초적이며 더 직관적인 방법을 쓰기로 했다. 직접 잡아보기. 내가 측정기다. 감전될 걸 아는 상태에서 전깃줄을 잡는 건 대단한 용기가 필요한 일이었다. 0.1초. 내가 가진 용기의 시간이다. 전깃줄을 잡자마자 손을 뗐다. 아니, 잡기 전에 손을 뗐나? 충분히 부어오르지 못한 간덩이로는 측정이 어려웠다. 하지만 겁쟁이들을 놀려놓았으니 내게는 퇴로가 없다. 오늘 나는 대담한 사람이 되기로 한다.

"어머니!"

눈을 감고 전깃줄을 움켜쥐었다. 찌릿찌릿. 전기… 전기가 온다. 이 맛이다. 잡은 손이 움찔움찔했다. 하지만 너무 약했 다. 병원의 물리치료실에서 전기치료를 받는 수준이었다. 전 기가 200미터를 달려오느라 힘이 달린 걸까? 옆에 있던 전 동드릴을 꽂아 작동시켜보았다. 아무 이상이 없다. 그제야 비싼 장비가 창고에 아무렇게나 놓여 있던 이유에 대해 생 각했다. 아, 그러니까… 버려진 건가? 땡잡았다며 지금껏 들 고 다닌 시간이 주마등처럼 스쳐갔다. '고장'이라고, 아니면 'X'라도 써놓는 게 그렇게 어려운 일인가. 온 세상이 작당해 나를 속인 듯한 기분이 들었다. 하지만 이까짓 일로 삐뚤어 질 수야 없지. 목책기를 깨끗이 닦아 제자리에 가져다두었 다. 다음 사람을 위해(나만 당할 순 없지 않은가). 긴 시간이었다. 분명 샛길로 빠졌는데 결국 다시 출발점으로 돌아왔다.

물론 솟아날 구멍은 있었다. 앞서 잠깐 언급했듯 외딴곳 에서 농사짓는 이들을 위해 태양광 발전식으로 작동하는 목책기가 시중에 있었다. 애초에 이걸 샀으면 좋았을 테지 만, 태양광 제품을 써본 적이 없었기에 성능을 믿을 수 없었 다…는 말은 변명이고, 만만치 않은 가격이 문제였다. 이미 갖고 있는 자재, 주변에 있는 재료를 활용하는 것도 돼지를 기르기로 했을 때 세운 원칙이었다. 인류가 대단한 기술이 있어서 1만년 전부터 돼지를 길러온 것은 아닐 테니까 말이다. 하지만 돌고 돌아 최종 선택은 결국 태양광 목책기 구입으로 귀결되었다.

5.
집 나간 돼지

참으로 샌님다운 시간이었다. 나무 울타리로 할지 전기 울타리로 할지, 전기는 태양 입자로 만들 것인지 전봇대에서 끌어올 것인지, 여러 선택이 있었다. 현대인의 불행은 지나치게 많은 선택지에서 온다더니, 신혼집도 아닌 걸 고민하는 데 너무 긴 시간을 흘려보냈다. 사실 애초에 '두 손으로 들 수 있는 아기 돼지'를 상상한 이상 무얼 하든 제대로 될 리가 없었다. 상상의 결과는 앙상한 전깃줄과 육중한 돼지의 잘못된 만남으로 이어졌다. "전깃줄만으로 돼지를 막을 수 없을 것 같아." 모두 우려했다. 사람들은 현실을 보았고, 나는 환상을 보았다.

드디어 돼지 입주 날. 돼지 입식入識을 위해 친구들이 모였다. 앗?! 저 멀리서 툴툴이 형 C가 오는 모습이 보였다. 심장이 굳는 게 느껴졌다. 툴툴이 형 C는 지나가는 길에 들렀다고 했다. 생전 처음 들른 날이 하필 오늘일 수가 있나. 이것이 어떤 복선이라는 것을 깨달았어야 했다. 돼지를 키워 먹겠다니, 이런 기행을 곱게 봐줄 툴툴이 형 C가 아니었다. '쓸데없는 일을 위해 그 고생을 하다니'라고 잔소리할 게 분명했다. 잘해도 본전, 뒤틀리는 순간 끝이다. 동네방네 소문이 나는 것은 물론 평생 놀림감이 될 것이 생생히 그려졌다. '툴툴툴.' 그의 입이 벌써 시동을 걸고 있었다. 나를 놀릴 생각에 그는 이미 만면에 화색을 띤다. 뒤통수가 따갑다.

　나도 믿는 구석은 있었다. 내 뒤에는 성품이 좋기로 소문이 자자한 고라니 S가 있다. 그는 소문난 선비 집안 출신으로, 그의 사슴 같은 성품은 집안 내력이다. 성품에 더해 실력까지 갖춰 어디든 신출귀몰하는 그가 어쩐지 내게는 사슴보다 고라니 같은 느낌으로 다가왔다. 동네에서 벌어지는 웬만한 일은 그의 이름을 대면 해결된다. 고라니 S는 대안축산연구회의 회장이었고, 이 '기행'의 앞잡이로 나는 그의 이름을 팔았다(하지만 고장 난 목책기가 그의 창고에서 나왔다는 걸… 나는 잊을 수가 없다). 농촌에서는 지금 농기계 각축전이 벌어지고 있다. 고라니 S의 존 디어$^{John Deere}$ 트랙터는 우리 동네 트랙터 중 단연 최고 등급을 자랑한다. 고급스러운 무광 녹색의 트랙터에는 미국 사슴 그림이 박혀 있다. 생긴 건 무지막지한데 엔진 소리는 엄청 세련됐다. 145마력의 미제 사슴은 제값을 했다. 고라니 S는 미국 사슴과 함께 온 동네를 누볐다.

다시 돼지 입식 날로. 세마리 모두 내보내지 말고 한마리만 내보내서 문제가 없는지 보기로 했다. 백일 평생 축사에서만 살아온 돼지가 처음 세상에 나오는 날이다. 정적 속에서 돼지가 경계심 가득한 몸짓으로 천천히 밖으로 나왔다.

"킁킁."

돼지는 한걸음 내디딜 때마다 주변 냄새를 맡았다.

"킁킁."

눈으로는 사방을 살폈다. 벽 너머로만 맡아오던 냄새를 직접 맡으려는 순간, 많은 사람들이 자기를 쳐다본다는 것을 알아채고는 사람들의 눈길을 피해 구석으로 갔다. 점점 전기 울타리에 가까워졌다. 돼지는 곧 전기 울타리와 맞닥뜨리고 전깃줄을 탐색하기 시작했다. 내 마음속 전깃줄은 UFC 격투기 경기장 줄 정도로 위협적이었는데, 현실의 줄은 너무나 가냘파 보였다. 돼지의 어깨에 걸릴 정도의 높이였는데 돼지에게 위협이 될 것 같아 보이지는 않았다. 돼지는 전깃줄을 무시하기로 결정했는지 주둥이를 줄 밑으로 들이밀었다. 돼지가 울타리 밑으로 넘어가는 찰나, 지켜보는 사람들이 꼴깍 침을 삼켰다.

"딱!"

전기가 튀는 소리다. 돼지 뒤통수가 전깃줄에 닿았다. 지금까지의 노력이 결실을 보았다!

"꿰이익!"

전기에 뒤통수를 쏘이자 놀란 돼지가 소리를 질렀다. '됐다!' 속으로 쾌재를 불렀다. 하지만 기쁨은 짧았고, 공들여지은 모래성은 금방 무너졌다. 전깃줄만으로는 돼지를 막을 수 없었다. 돼지는 놀라면 뒤로 물러난다는 말을 너무 맹신했다. 돼지의 뒤에 사람들이 서 있었던 것이다. 돼지는 이 고통이 사람들 때문이라고 생각했는지 냅다 앞으로 달렸다.

"딱! 딱!"

돼지가 울타리 바깥쪽으로 밀고 나가는 동안에도 전깃줄은 돼지의 어깨와 엉덩이에 착실하게 전기를 쏘았다. 목책기는 돼지를 채찍질했고, 채찍질은 돼지를 더 빨리 달리도록 재촉했다.

돼지가 탈출했다. 이야, 눈앞 깜깜해지기 참 좋은 날이다. 아무 소리도 들리지 않았다. 눈앞의 광경이 슬로우모션처럼 한 장면 한 장면 펼쳐졌다. 사람들은 절규하는 것 같았고, 돼지는 달리는 것 같았다. 소 잃고 외양간 고치는 게 인생 진국이라더니, 진국을 단번에 들이켜는 상황이 벌어졌다. 일어날 일은 일어나기 마련이다. 뒤도 돌아보지 않고 도망갈 것 같았던 돼지는 그래도 다행히 멀지 않은 수풀 속에 몸을 숨겼다.

얼떨떨하던 정신이 돌아왔다. 사람들은 제각각의 방향에

서 돼지를 쫓아 포위했다. 하늘이 무너져도 솟아날 구멍이 있다. 여기 모인 이들은 모두 동물을 키우는 사람들이다. 다들 동물 대하는 일을 두려워하지 않는다. 하필 오늘 놀러 온 툴툴이 형 C에게마저 고마운 마음이 들었다. 한편 솟아날 구멍이 있기는 돼지도 마찬가지였다. 막긴 막는데 몸 바쳐 막고 싶지는 않았던 한 사람, 바로 '나'. 돼지와 부딪히면 몸이 으스러질 것 같아 무서웠다. 돼지는 두려움에 떠는 나를 귀신같이 찾아냈다. 궁지에 몰린다 싶으면 포위망을 한바퀴 쓱 둘러보고 꼭 내 쪽으로 달려왔다. 어쩌면 지난날의 추억을 기억하고 있는 건지도 모르겠다. '아, 지난번 그 껌딱지?'

샌님 탓에 번번이 뚫리는 포위망. 도망가는 돼지와 다시 막아보는 사람들. 하늘은 맑고 보리밭은 푸르렀다. 지난가을 뿌린 보리는 새싹으로 겨울을 나고, 봄이 되어 어느새 허리춤까지 자랐다. 봄날의 보리가 일렁였다. 보리밭에 돼지우리를 놓으면 좋을 것 같았다. 자라난 보리를 그대로 돼지 밥으로 줄 생각이었다. 푸른 보리 바다를 보며 오늘을 기다렸다. 보리에 가린 돼지는 보이지 않았다. 보리 물결이 돼지가 어디 있는지 알려줄 뿐이었다. "사사삭." 사람들은 보리밭이 흔들리는 흔적을 쫓았다.

토끼몰이 이야기를 들은 적이 있다. 동네 아저씨의 어릴 적 추억담이다. "눈 내린 산에서 토끼를 쫓았지. 길목에 덫

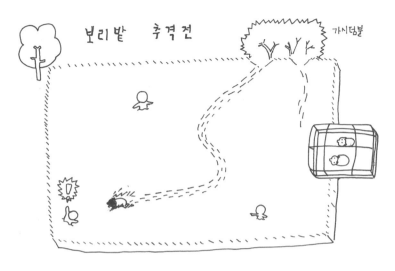

보리밭 추격전

가시덤불

돼지가 내게 오지 않기를 빌었다.

을 놓았어. 콩 속에 청산가리(!)를 넣어 꿩을 잡기도 했어. 아마 나도 그 청산가리를 조금 먹었을지 몰라. 참새를 숯불에 그슬려 먹었는데, 살도 없는 것이 맛은 기가 막힌 거여." 아, 정말 향수에 젖게 하는 이야기였다. 오늘의 이야기는 돼지 몰이, 아니 돼지의 사람몰이다. 이쪽에서 저쪽으로, 저쪽에서 이쪽으로 돼지는 사람들을 몰았다. 전기 울타리도 제 몫을 다했다. "딱! 딱!" 행여나 돼지가 울타리로 들어올라치면 예의 그 채찍질을 해댔다. 돼지를 안으로 몰아야 한다는 걸 목책기가 모르는 게 분명했다.

"아, 전기 좀 꺼!"

착하기로 소문난 고라니 S조차 짜증을 낼 만했다. 이런 상황에서도 욕을 하지 않는 것이 오히려 더 존경스러웠다. 얼른 전깃줄을 해체했다. 샌님무상. 이틀 걸려 설치한 울타리가 10분 만에 해체되었다. 전기마저 꺼지자 돼지는 밭을 더 넓게 뛰어다녔다. 이제 보리밭에서는 재미를 다 보았는지 밭을 빠져나가 협곡을 건너는가 싶더니 산으로 달렸다. 이렇게 멧돼지가 탄생하는 것인가… 앗, 안 돼! 산 위에는 농촌 최고의 환금작물, 인삼이 심어져 있었다.

망연자실이다. 하지만 절벽을 오르는 돼지는 충분히 느렸다. "훅… 훅…" 한편의 초고속 카메라 영상을 보고 있는 듯했다. 무너지는 흙비탈을 오르며 용쓰는 돼지의 움직임이 하나하나 보였다. 네 다리가 질서 있게 뛰었고, 투실투실한 엉덩이는 힘이 바짝 들어가 있었다. 꼬리는 쭉 펴져 있다. 평소 뱅글뱅글 말려 있던 꼬리도 오늘만은 온 힘을 다해 주인을 돕는 것이다. 고라니 S가 내 곁을 스쳐갔다. 아니, 바람이 불었다고 해야 할까? 덥석. 고라니 S가 돼지의 꼬리를 잡았다. 놀란 돼지가 펄쩍 뛰었다.

풀쩍풀쩍 돼지의 제자리 뛰기가 이어졌다. 산만 한 돼지의 기세는 대단했지만 고라니 S도 만만치 않았다. 두 발을 어깨너비로 벌려 땅을 딛고 자리를 잡은 고라니 S는 그대로

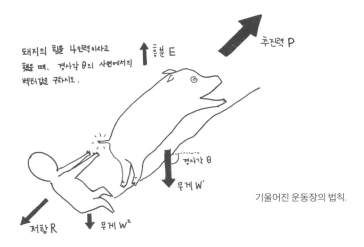

돼지의 힘을 나인력이라고
했을 때, 경사각 θ의 사면에서의
벡터값을 구하시오.

들분 E

추진력 P

경사각 θ

무게 W'

저항 R

무게 W²

기울어진 운동장의 법칙.

몸을 뒤로 젖혔다. 가파른 언덕도 돼지 편이 아니었다. 돼지와 고라니 S의 팽팽한 줄다리기가 이어졌다. 돼지가 잠시 힘을 푼 순간, 그러니까 도약과 도약 사이, 고라니 S가 허리를 틀었다. 미처 중심을 잡지 못한 돼지가 땅에 꽂혔다. 내동댕이쳐진 돼지도, 보는 이들도, 고라니 S 자신도 놀랐다.

더이상 도망칠 수 없다는 걸 깨달은 돼지는 잘못을 뉘우치며 돼지우리로 돌아가지…는 않았다. 상황은 그대로였다. 돼지는 보리밭으로 돌아와 가시덤불에 몸을 숨겼다.

"훅- 훅-"

돼지가 거친 숨을 고르는 소리가 들렸다. 보다 못한 후계자 J가 어디선가 함석지붕으로 쓰는 파란 철판 조각을 가져

1부 공장과 농장 사이

왔다. 후계자 J는 '진짜' 돼지를 키우고 있다. 그가 돼지를 잡지 말고 몰아야 한다고 외쳤다. 듣고 보니 그렇다. 굳이 붙잡을 필요가 없었다. 울타리 안으로 몰아넣기만 하면 된다. 들판을 달리는 돼지를 잡는다는 건 원시적인 발상이었다.

작전이 통했다. 긴 벽을 마주한 듯, 철판 앞에서 돼지는 빠져나갈 틈을 찾지 못했다. 왼쪽으로 오른쪽으로 고개를 돌려가며 우물쭈물하는 사이, 사람들이 길게 서서 길을 만들어 돼지를 천천히 돼지우리 쪽으로 몰아갔다. 우리 안에서는 다른 돼지들이 꿀꿀거리고 있었다. 다른 동료들의 소리를 듣고 돼지가 우리 앞으로 왔다. 문을 지키고 있던 제빵 D가 얼른 문을 열자 돼지가 안으로 들어갔다. 팽팽하던 긴장이 탁 풀리는 것이 느껴졌다. 다시 만난 돼지들도 서로 꿀꿀거리며 무슨 일이 있었는지 이야기를 나누었다.

고라니 S가 답답해할 만했다. 그가 팔 걷고(트랙터를 끌고) 나섰다. '곤포 사일리지'를 겹겹이 둘러 돼지우리를 짓기로 했다. 곤포 사일리지는 '공룡알' 혹은 '마시멜로'라고도 불리는 목초 덩어리다. 수확이 끝난 가을 들녘에서 흔히 볼 수 있다. 보리, 볏짚, 옥수수 등의 소먹이용 풀을 저장하는 것을 '사일리지'라고 하고, 비닐로 감은 것을 '곤포'라고 한다. 한마디로 비닐로 밀봉한 풀 덩어리다. 유산균을 같이 넣어서 풀이 썩지 않는다. 김치와 같은 원리로 오랫동안 보관이

가능하다. 축사 밖으로 나가지 못하는 소에게는 배달음식인 셈이다.

곤포 사일리지가 풀 덩어리라고는 하지만 하나의 무게가 500킬로그램 이상이다. 무거워서 밀 수도 없고, 워낙 단단하게 압축하기 때문에 돼지도 쉽게 뚫을 수 없을 것이다. 농담처럼 나온 말이었는데, 이어놓고 보니 그럴듯한 울타리가되었다. 하지만 야금야금 파내면 뚫리기 때문에 안쪽에 전기 울타리를 쳐서 이중으로 벽을 세웠다. 출입구가 없는 게단점이다. 사람이 두 손을 짚고 힘껏 뛰어올라야 나올 수 있는 높이다. 수레가 다닐 수도 없어 울타리를 넘겨 밥을 줘야한다. 아쉽지만 부족한 부분은 차차 채워나가기로 했다. 이제 겨우 '집'을 해결했다. 이제 또 뭘 해야 하지? 아이고, 산넘어 산이었다.

그날 이후로 고라니 S의 일곱살 아들이 종종 돼지를 보러 왔다. 나무 파렛트로 계단을 쌓아 전망대를 만들어주었다(전망대는 밥을 주는 연단이기도 했는데, 위에서 밥을 던져주다보니제물을 바치는 제단 느낌이 났다). 아이는 자기 친구들을 데려와견학시켜주기도 했다. 친구들 앞에서 제법 점잖게 돼지들을소개해주었다. 자기 마음대로 돼지 이름도 지어 불렀다. 콩이, 까망이, 팽이, 중이, 팥… 돼지 숫자보다 이름이 많은 이유는 호칭이 매일 바뀌었기 때문이다. '진짜' 돼지를 키우는

1부 공장과 농장 사이

또다른 이웃, 후계자 H도 가족과 함께 돼지 구경을 왔다.
1000마리나 되는 돼지를 두고 세마리 돼지를 보러 온 것이
자못 황송했다.

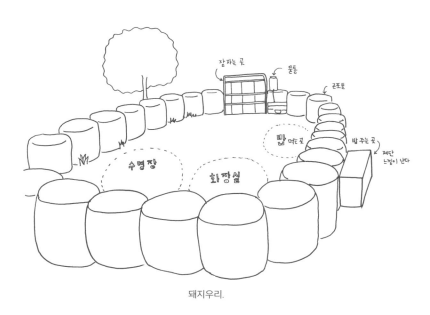

잠자는 곳
물통
곤포통
밥 먹는 곳
밥 주는 곳
제단 느낌이 난다
수영장
화장실

돼지우리.

6.
목구멍이 작아 슬픈 짐승

'돼지처럼 먹기'*to eat like a pig*는 욕심쟁이를 가리키는 세계적으로 인정된 표현이다. 우리는 이 표현을 듣자마자 특정 이미지—토실토실하고 지저분한 돼지가 구유에서 자기 자리를 고수하며 게걸스레 식사하는 이미지—를 떠올린다. (…) 돼지의 이런 식습관에는 여러 이유가 있다.

먼저, 이미 알아봤듯, 돼지의 턱은 1차원으로만 움직인다. 그 탓에 돼지는 지저분하게 먹을 수밖에 없다. (…) 돼지는 턱을 위아래로 움직일 수 없는 까닭에 먹이를 소량씩 즐길 수가 없다. 이게 입을 벌리고 먹는 성향과 결합하면서 볼썽사나운, 가관이라 할 식사시간이 펼쳐지는 것이다.

어미의 젖을 물 때부터 곧바로 시작되는 경쟁이라는 문제도 있다. (…) 어린 돼지들은 먹을 것을 두고 항상 치열한 경쟁을 벌인다.[*]

---

* 리처드 루트위치 『돼지』, 윤철희 옮김, 연암서가 2020, 54면.

쩝쩝쩝. 와구와구. '진짜 돼지같이 먹네'라고 볼 때마다 생각했다. 돼지는 많이 먹기도 하지만, 그만큼의 음식을 흘리기도 한다. 먹고 싶은 마음에 비해 목구멍이 작다고 해야 할까? "헉푸헉푸." 헤엄칠 때 낼 법한 숨소리를 내며 음식을 삼킨다. 간발의 차이로 미처 목구멍 열차에 타지 못한 음식들이 입 밖으로 도로 튀어나온다. 편식 방지를 위해 여러 음식을 섞어 주는데, 맛있는 걸 먼저 입에 넣기 위해 밥을 파헤치기도 한다. 어쩔 수 없이 주변이 지저분해진다. "푸헉푸헉." 격정의 시간은 생각보다 짧다. 밥그릇을 자주 엎어버리기 때문이다. 밥을 다 먹어도 엎고, 반찬 투정할 때도 엎는다. 물론 가장 주요한 이유는 밥그릇 싸움이다.

돼지의 세계에 배려나 양보 같은 단어는 없다. 힘센 돼지가 더 많이 먹고 더 많이 차지한다. 야생에서 수퇘지는 홀로 다니는데, 이곳에는 수퇘지 두 마리가 함께 있기 때문에 더 치열한 싸움이 벌어지는 것 같다. 축사에서 길러지는 수퇘지는 모두 거세를 당한다. 축산 동물의 세계에서는 짝짓기가 '외주화'되고 암컷 선호 사상이 강해짐에 따라 수컷의 입지가 점점 좁아지고 있다.

수퇘지와 다르게 수탉에게는 그래도 신사적인 면모가 있다. 낯선 이가 오면 빨간 볏을 세우고 무리 앞에 선다. 눈을 치켜뜨고 "고오, 고오" 하고 낮은 소리로 위협한다. 밥을 먹을 때도 암탉이 먼저 먹고 수탉은 나중에 먹는다. 식욕을 참을 줄 안다는 뜻이다. 암탉이 밥을 먹는 동안 목을 꼿꼿이 세우고 주변을 경계하는 수탉의 모습은 자못 기품이 있다. 물론 사람에게 잘 보이기 위한 행동은 아닐 테고, 사람도 그걸 참작하지 않는다. 어쨌든 사람들은 알 못 낳는 수탉부터 잡아먹는다.

한편 우리 수퇘지의 매너는 어느 정도냐면, 밥 먹을 때 누구라도 얼쩡거리면 사정없이 귀를 물어버린다. 마릿수대로 밥그릇이 있지만 남의 밥그릇이 더 커 보이는 법칙은 돼지 세계에도 적용되나보다. 남이 먹고 있는 밥그릇을 감시하려고 뺑뺑 돌기도 한다.

돼지들은 잠을 잘 잤고 긴 시간 잠들어 있었다. 먹은 걸 소화하기 위해 하루 열세시간을 잔단다. 꿈도 꾸는지 때로는 발버둥 치며 깨기도 한다. 자다가도 사람이 오면 귀신같이 깬다. 큰 귀가 밥값을 한다.

"크헉?(밥?)"

밥이 아니라는 사실을 알면 (실망하고는) 다시 잠을 잔다. 실망의 한숨은 깊이부터가 다르다. 내가 돼지우리에 들어가면 돼지들이 다가와 다리를 툭 쳤다. 일수를 뜯기는 기분이다. "꿀꿀(밥)." 청소부터 하고 싶지만 식사를 먼저 내어드릴 수밖에 없다. 밥을 줘야 괴롭힘에서 벗어난다. 그날의 할당

량이 부족하다 싶으면 다시 돌아
와 다리를 쳤다. "꿀꿀!(이게 최선
이냐!)" 그럼 밭에 가서 아껴둔 토
마토라도 따 와야 한다.

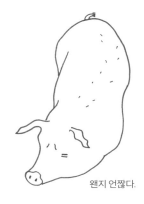
왠지 언짢다.

동물에게 밥을 줄 때는 마릿
수대로 밥그릇을 준비하는 것이
기본이다. 밥그릇이 부족했던 초
기에는 무조건 싸움이 벌어졌다.
싸움이라기보다는 가장 덩치 큰 대장 돼지의 횡포였다. 그래
서 밥그릇이 여러개가 되면 괜찮을 줄 알았다. 그런데 문제
는 밥그릇을 동시에 채울 수 없다는 점이었다. 첫번째 밥그
릇에 밥을 쏟으면 세마리가 모두 달려온다. 우르르. 눈이 빛
나고 아드레날린이 솟구친다. 초단거리 육상선수들이 되어
결승선(밥그릇)에 동시 입장하는 순간, 대장 돼지가 다른 돼
지의 귀를 문다.

"꾸엑!"

귀를 물린 돼지는 영문을 모르지만 따질 수가 없다. 황망
히 입맛만 다실 뿐이다. 대장이 식사를 시작한다. "푸헉푸헉."

멀찍이 떨어져서 두번째 밥그릇에 밥을 붓는다. 다시 한
번 달리기경주가 시작된다. 밥을 먹던 대장도 달린다. 우르
르. 조금 늦게 출발한 대장이 간발의 차이로 늦게 도착해…

귀를 문다. "뀌엑!"

대장이 새롭게 식사를 시작한다. 다른 돼지들은 아쉬운 마음에 대장 옆에서 입맛을 다시다가 한번 더 귀를 물리고는 이전의 밥그릇들로 돌아간다. 각자의 밥그릇에 집중하나 싶었는데, 대장이 다른 밥그릇 순찰을 돈다. 모든 밥그릇이 똑같다는 걸 깨달으면 좋으련만, 혹시나 저쪽에 더 맛있는 게 있으면 어쩌지 싶은 마음 같다. 귀를 물리는 소리가 울린다.

"꾸엣!"

서열 교육은
밥상머리에서.

모든 밥을 확인하고 싶은 대장은 한 밥그릇에서 두세 숟가락만 뜨고 다른 밥그릇으로 자리를 옮긴다. 코로 들어가는지 입으로 들어가는지 모르게 밥을 삼키던 돼지들은 또다시 쫓겨난다. 밥그릇 릴레이는 그렇게 계속된다. 한바퀴, 두바퀴, 세바퀴… 뱅글뱅글. 배가 부를 때까지 이어지는 릴레이. 가끔은 쫓겨 사는 돈생豚生에 지친 졸개 돼지가 반항을 한다. 나라고 당하고만 살쏘냐 싶은 것일 테지만, 반항은 바로 처단된다. 졸개는 쫓겨 도망가고, 대장은 굳이 쫓아가서 혼꾸멍을 낸다. 버릇없는 졸개는 싹부터 잘라야 한다는 듯 말이다. 유혈 사태가 심화되면 밥그릇이 엎어진다. 아비규환, 풍비'밥상'이다.

밥그릇 대장.

밥을 너무 적게 줘서 그런 걸까? 배가 고파서 이러는 게 아닐까? 내 잘못 같기도 했다. 밥은 하루 두번씩 줬다. 그래, 일광욕하고, 목욕하고, 낮잠 자고, 땅 파고, 똥까지 싸느라 바쁘신데 식사 두끼는 적을 수 있지. 곳간에서 인심 난다고, 배고픔이 폭력 사태의 원인일 수 있겠다는 생각이 들었다. 하지만 매일 10리터 통 한가득 싸는 똥을 치우다보면 미안한 마음도 배설되었다(뿌직). 돼지들은 잘 먹고 잘 쌌다. 습성이 그렇다고 받아들이게 되었다. 사람들이 돼지를 탐욕의 아이콘으로 보는 이유를 알 것도 같다.

대장 돼지의 털에는 윤기가 흘렀다. 졸개 돼지에게 감정 이입이 되는 내 눈에는 조금 얄미워 보였다. 똑같이 진흙 목욕을 해도 졸개 돼지의 털은 항상 기름기로 뭉쳐 있었다. 그런데 어느 날인가부터 졸개 돼지의 털도 멀끔해졌고, 덩치도 비슷해져 누가 누구인지 모를 정도가 되었다. 싸움 횟수가 눈에 띄게 줄었다. 어떤 연유인지 모르겠으나, 서열이 안정화되면서 찾아온 평화 같기도 했다.

7.
대장을 정하자

돼지우리에 쓰인 공룡알(곤포 사일리지)은 정말 튼튼했다. 크고 높았기 때문에 밖이 보이지 않아 일종의 장벽 역할을 했다. 거기에 전기 울타리까지 더해져 철옹성이 되었다. 돼지들은 전기에 한두번 쏘이고 나서는 전깃줄에는 얼씬도 하지 않았다. 나중에는 전원을 꺼두어도 될 정도였다.

돼지들이 뛰어노는 운동장의 풀은 전부 사라졌지만, 전깃줄 밑의 풀은 생생했다. 돼지들이 가까이 가지 않았기 때문이다. 풀을 그냥 내버려두고 싶었지만 전기 울타리가 언제고 필요할 수 있으니 정리해주어야 했다. 풀이 전깃줄에 닿으면 전기를 흡수하기 때문에 분배의 법칙(1/n)에 따라 전기가 약해진다. 돼지우리에는 아직 전기가 필요했다.

돼지우리에 들어가 전기 울타리에 붙은 풀을 베던 날이었다. 낫을 들고 쪼그리고 앉아 작업에 집중했다. 얼마나 지났을까. 불현듯 뒤통수가 서늘했다. 이상한 느낌을 따라 쳐다본 곳에는 대장 돼지가 서 있었다. 나는 대장 돼지에게 자리를 비켜주고 한발짝 옆으로 옮겼다. 그런데 대장 돼지가 성큼성큼 나를 따라왔다. 응? 다시 자리를 비켜주어도 또 나를 따라왔다. 눈에 적개심이 가득 차 있는 게 '백 허그'를 하러 오는 건 아닌 것 같았다. 거친 숨을 내뱉는 수퇘지의 입에는 거품이 물려 있었다. 앗, 혹시 광견병인가? (떠돌이 동물인 갯과 동물이 광견병의 흔한 숙주이지만, 거의 모든 포유류가 걸린다. 다만 2014년 이후 국내에서 발병한 사례는 아직 없다.) 돼지에게 습격당할 수도 있다는 공포가 엄습했다. 하필 전기 울타리도 꺼두었을 때… 아니, 지금 켜져 있으면 내가 손해인가?

UFC 격투기 경기가 시작된 기분이었다. 일단 급히 우리 밖으로 (도망)가서 상황을 파악해보았다. 눈이 빨갛지는 않은 걸 보면 광견병은 아닌 것 같았다. 그래, 정말 미친 거라면 앞뒤 재지 않고 바로 달려들었겠지. 아무래도 틈을 노리는 모양이었다. 거리를 좁히고 고개를 낮춰 사냥감을 보듯 계속 나를 쳐다보았다. 돼지들은 싸울 때 목 뒤의 털을 세우곤 하는데, 대장 돼지의 목털이 곤두서 있었다. 분명 적개심이다. 이 인

뒤가 서늘할 때는.

간이 자기를 잡아먹을 거라는 계획이라도 알게 된 걸까.

대안축산연구회 회원들에게 문의했다. 어려서부터 많은 동물을 경험했고, 집 한쪽에서 돼지를 키우던 시절을 지나온 이들이다. 지금도 동물을 키우고 있으니 이런 경우 어떻게 해야 하는지 알고 있지 않을까. 수소의 경우 가끔 사람을 구석으로 몰아서 들이받는 경우가 있다고 한다. 숫염소에 받혀서 병원에 입원하신 어르신도 있다. 수탉도 종종 어린아이를 얕잡아본다. 나를 쫓아오는 돼지도 수퇘지. 어디나 수컷이 문제다. 하지만 연구회 회원들 역시 똑 부러진 답을 내놓지는 못했다.

이럴 때는 보통 위험의 소지가 있는 동물을 먼저 잡는다고 한다. 그리하여 대장 수퇘지부터 잡아먹는 것으로 의견이 모였다. 순서를 정했어도 잡는 날까지는 아직 꽤 긴 시간이 남아 있었다. 그동안 수퇘지를 상대해야 하는 건 나였다. 이웃은 멀고 깡패는 가까웠다. 대장 돼지는 청소 중에도, 밥그릇을 정리할 때도 어느새 내 뒤에 와서 씩씩거렸다. 돼지들 사이에서 서열 정리가 된 뒤였다. 돼지우리를 제패한 후, 그다음 타깃은⋯ 나인가?

이대로는 안 되겠다 싶어 기선을 제압해야겠다고 마음먹었다. 언제까지 겁에 질려 지낼 수는 없지 않은가. 막대기를 들고 돼지우리에 들어갔다. 합기도부 차장 출신의 맛을 보여주마. 역시 수퇘지가 다가왔다. 목표는 코다. 막대기를 힘껏 내리쳤다. 돼지가 재빠르게 피했다. "탁!" 막대기가 땅을 때렸다. 어쭈? 다시 한번 막대기를 휘둘렀다. 돼지는 날랬다. 갈 곳 잃은 막대기가 허공을 가르는 소리가 났다. 옆으로 길게 휘둘러보아도 돼지는 막대기 거리만큼 슬쩍 피했다. 그것 좀 휘둘렀다고 숨이 가빠진 나는 우선 밖으로 나왔다. 솔직히 내 공격을 유유히 피하는 돼지를 보며 살짝 충격을 받았다. '괜찮아, 짧고 흰 막대기라 둔하고 사거리도 짧았을 뿐이야.' 그렇게 스스로를 다독였다.

실랑이는 며칠에 걸쳐 이어졌다. 막대기가 효과를 보였다. 막대기를 들면 대장도 나를 호락호락하게 보지는 않는 것 같았다. 그래도 대장은 여전히 내 등 뒤에 있었다. 유사시를 대비해 울타리 곳곳에 막대기를 두었다. 어디서든 집어들 수 있도록 말이다.

그러던 어느 날. 늘 그렇듯 그날도 대장 돼지가 내 등 뒤에서 씩씩대고 있었다. 미리 준비해둔 막대기를 찾아 주위를 둘러보았으나, 아차, 막대기를 제자리에 두지 않았다. 이런 날이 오고야 말았다. 하필 외나무다리를 건너는 날 말이다. 원수는 어째서 늘 외나무다리에서 만나게 되는 건지. 막대기는 저기 저쪽, 그러니까 돼지 뒤에 있었다. 대장 돼지 이녀석, 모든 걸 계산한 건가.

대장 돼지와 대치한 채로 약간의 시간이 흘렀다. 여기까지 와서 뒤돌아설 수는 없었다.「동물의 왕국」애청자로서 동물의 세계에서 뒤를 보이는 것은 항복을 뜻한다는 걸 나는 알았다. 이것은 나 혼자만의 싸움이 아니다. 인류와 돼지의 대결이다. 용기를 내보기로 했다. 나는 옛날의 껌딱지가 아니다! 눈을 크게 뜨고 두 팔을 벌린 채 그대로 돼지를 향해 돌격했다. 그리고 무릎을 높게 들며 소리를 질렀다.

"캬악!"

반응이 있다. 돼지가 물러섰다. 고무된 나는 손을 머리 위로 높게 들고 그대로 손뼉을 쳐댔다.

"캬악! 캬악!"

그 짧은 시간이 억겁처럼 길게 느껴졌다. 손뼉을 치며 벌처럼 날아가 무사히 막대기가 있는 곳에 도착했다. 아니, 어느 샤머니즘 의식에 도달했다고 해야 할까? 막대기를 치켜들고 돼지를 노려보았다. 그뒤로 대장은 내 앞에서 게거품을 물지 않았다. 아마 나를 미친놈이라고 생각했을지도 모르겠다.

8.
어디까지 먹을 거야

길었던 봄 가뭄 끝에 단비가 내렸다. 마을 어르신들은 어디서 기운이 샘솟는지 '이때다!'라는 오라를 뿜으며 밭에 나와 콩이며 참깨를 심었다. "뿌리가 벌써 물 내를 맡았다"라고 말씀하셨다. 나도 부랴부랴 돼지우리에 지붕을 설치하기로 했다. 소 이동용 컨테이너의 천장이 뚫려 있었다. 진즉에 했으면 비 안 맞고 설치했을 것을. 자연은 공평하다. 준비된 자에게는 기쁨의 비를, 게으른 자에게는 좌절의 비를 내린다. 돼지우리 만들기라는 고비를 하나 넘기며 마음의 고삐가 풀린 데다가 봄 가뭄이 길었던 탓에 긴장을 놓고 있었다.

돼지들이 하루의 대부분을 보내는 곳은 운동장, 잠자는 곳은 컨테이너였다. 습지를 좋아하는 돼지지만 잠자는 곳은 뽀송뽀송하게 유지해주어야 한다. 내리는 비를 보고 급히 돼지우리로 달려가보니 돼지들은 비가 신기한지 가만히 비를 맞고 있었다. 나도 오랜만에 맞는 비가 시원했다.

게으르다는 이미지와 달리 돼지는 호기심도 강하고 활동

세상 편한 오후.

량도 많다. 내가 울타리에 들어가면 쫓아와 냄새를 맡았다. 장화 냄새를 맡고 다리도 툭툭 쳤다. 일에 집중하기 어려울 정도로 치근댔다. 개보다 큰 동물이 옆에 있다는 것이 흥미롭고도 낯설었다. 오늘은 돼지들이 비 맞기에 빠져 있다. 한 마리는 멀뚱히 서서, 한마리는 누워서, 한마리는 목을 세우고 앉아서 단비를 느낀다. 덕분에 방해받지 않고 지붕을 빨리 설치할 수 있었다. 비가림막 아래로 열기를 막아줄 덮개를 하나 더 설치했다.

옛말에 큰 눈이 오면 풍년이 든다 했다. 눈이 건조한 겨울 바람으로부터 땅속 수분을 지켜주는 덕택이란다. 그런데 지난겨울에는 눈은커녕 비조차 오지 않았다. 반년 가까이 이어진 가뭄이었다. 진즉 왔어야 할 비가 오지 않아 땅은 깊게 말라갔다. 급한 대로 지하수를 뽑아 논밭에 물을 줘보지만, 아랫돌 빼서 윗돌 괴는 꼴이라는 걸 사람들은 알았다.

단비를 기다린 것은 농부만이 아니다. 나무도 벌레도 비를 기다려왔다. 물 만난 세상은 일제히 생명을 뿜어내기 시작했다. 풀도 마찬가지였다. 뒤돌아보면 풀이 자라 있었다. 바야흐로 풀의 시대가 열린 것이다. 밭이 풀에 점령되는 것은 순식간이다. 아차 하는 순간 전선은 무너진다. 시골에서 풀밭을 만드는 것은 범죄 행위로 간주된다. 풀밭은 마을 멤버십에서 '예'나 '아니요'로만 평가되는 근면성 항목이다.

생태계의 시작에 식물이 있다. 식물은 태양광 입자를 질량이 있는 식량으로 만들어낸다. 지금은 풀의 다원적 기능이 많이 알려졌지만, 농촌에서 풀은 여전히 박멸의 대상이 되곤 한다. 농촌 사람들은 풀이라면 질색을 한다고 해도 과언이 아니다. 주워들은 정보에 의하면 풀이 미움을 받는 이유는 다음과 같다. 우선 잡초가 작물의 영양을 빼앗아 먹는다는 설이 있다. 풀은 빠르게 자라기 때문에 햇볕을 차지하는 경쟁에 유리하다. 풀에 덮인 작물은 살아남지 못한다. 미운 사람 고운 데 없고 고운 사람 미운 데 없다고, 풀은 생김새로도 미움을 받는다. 마을 경관을 저해하는 요소다. 긴 풀은 벌레를 부르고, 두더지를 부르고, 뱀을 부른다는 설도 있다. 그래서 풀을 없애야 한단다.

그렇기에 풀밭 주인은 마을의 안위를 해치는 사람으로 분류된다. 잡초는 어마어마한 개수의 씨앗을 퍼뜨리기 때문에 남의 풀씨가 내 밭으로 넘어올지 모른다는 우려 때문인 것 같다. 그래서 다른 사람 밭도 감시 대상에 들어간다.

365일 레이더를 가동하고, 서로서로 '불온 식물 전파자'가 되지 않도록 독려한다. 집집이 가축이 있던 시절에는 풀을 베어다 먹였기 때문에 풀이 남아나지 않았다지만 이제 시대가 바뀌었다. 사료로서의 효율이 떨어지고 거두기도 번거로운 풀을 가축에게 먹이는 일은 시대에 뒤처진 행태가 되었다. 꼴 베는 풍경은 옛 추억으로만 남았다.

2019년 초에 농업기술원에서 예초기 기초 수리 방법과 관리법 등을 배웠다. 나는 예초기의 2행정 엔진이 내뿜는 매연과 소음, 진동이 지금도 싫다. 하지만 예초기를 돌릴 때면 일종의 공무를 수행하는 기분이 든다. 마을 경관을 정리하는 이미지랄까. 예초기질을 하면 마을에서 일 좀 하는 사람으로 대우받는다. 사실 교육까지 받아가며 올해 예초기질을 기다려온 이유는 따로 있었는데, 벤 풀을 돼지에게 줄 수 있다는 생각 때문이다. 그동안은 예초기로 베어낸 풀이 아까웠다. 썩어서 땅으로 돌아갈 테지만 그래도 아쉬웠다. 이제 돼지 덕분에 한 차원 높은 쓸모가 생겼다.

돼지가 풀을 먹는다는 사실이 처음에는 낯설었다. 풀을 먹는 동물로 주로 소를 연상한다. 소는 되새김질을 하는 반추동물로 분류된다. '반추위'는 포유류 중 가장 진화된 형태의 소화기관으로, 섬유질을 에너지로 만들어낸다. 소는 오늘 저녁에 뭘 먹을까 고민할 필요가 없다. 세상 어디에나 있는 풀을 먹으면 된다. 소가 풀을 직접 소화하는 것은 아니고, 소가 가진 네개의 위 중 첫번째 위인 반추위에 서식하는 미생물이 셀룰로오스를 당분과 탄소로 분해한다. 미생물이 만들어주는 당분을 소가 흡수하는 공생 관계인 것이다. 최근 인간의 대장에서도 소의 반추위에 서식하는 미생물과 비슷한 미생물이 발견되었다. 아직 연구 초기 단계지만 우울증과 치매 같은 정신건강과 뇌 질환도 장내 미생물과 연관이 있다고 한다. 채소를 많이 먹으라던 엄마 말씀이 옳았다. 자연양돈이나 자연양계 농가에서는 가축의 건강을 위해 풀을 먹인다. 어려서부터 풀을 먹으면 장이 길어지고, 장이 길어진 만큼 면역력과 소화력이 좋아진다고 한다. 물론 들판에서 무한히 자라는 풀을 활용할 수 있다는 이점도 크다.

미생물을 생각하며 예초기를 돌렸다. 감동의 전율인지 예초기의 거친 진동인지 모를 무아지경에 빠졌다. 손수레를 가져와 벤 풀을 옮겼다. 물을 가득 머금은 여름풀은 무거웠다. 예초기를 돌린 직후라 팔에 힘도 잘 안 들어갔다. 기계 진동은 근육을 피곤하게 한다. 수레를 잡은 손이 덜덜 떨렸다. 뒤뚱뒤뚱 외발 수레를 밀고 가다가 뒷집 아주머니와 마주쳤다. 아주머니는 웃으며 "그려, 옛날엔 다 그렇게 키웠어"라고 말씀하셨다.

하루는 뒷집 아주머니가 싹이 나서 버린다는 감자를 얻

어 왔다. 감자 싹에는 솔라닌이라는 독이 있다. 싹이 난 부위를 도려내면 사람이 먹어도 문제가 없지만, 이 감자는 싹이 반이었다. 돼지의 먹이는 굉장히 다양하고 배탈이 나는 경우도 드물다는 이야기를 들었다. 돼지는 침과 위액, 간과 신장의 기능을 진화시킨 덕에 자연에서 더 많은 영양분을 얻을 수 있게 되었다(한편 또다른 잡식동물인 인간은 요리를 통해 자연의 독을 제거해왔다. 식문화는 인류의 누적된 경험이다). 나는 돼지에게 싹이 난 감자 그대로 먹이로 주고 싶은 호기심과 게으름에 사로잡혔다. 솔라닌에 대해 들어본 적 없는 돼지들은 마치 사과를 먹듯 감자를 맛있게 먹었다. 혹시 탈이 날까봐 두세개씩만 주고 하루 동안 동태를 살폈다. 다음 날, 똥 상태 문제없음이다. 오케이, 나머지를 전부 쏟아주었다.

동물의 건강은 보통 똥 상태로 판단한다. 먹이에 따라 돼지 똥은 변했다. 풀만 먹였을 때는 염소 똥을 누었다. 초콜릿처럼 자그맣고 동그란 검은 똥을 쌌다. 토끼, 고라니, 염소 같은 초식동물의 똥이다. 쌀겨가 포함된 다양한 먹이를 먹으면서 점점 노랗고 굵은 고구마 똥이 되었다.

동네 이모가 어렸을 때는 아이들의 소일거리 중 하나가 개구리 잡기였다고 한다. 아이들이 잡아 온 개구리를 삶아서 돼지에게 주었단다. 장마 때는 논까지 올라온 물고기를 잡아다가 역시 돼지에게 주었다고. 나는 돼지가 먹는 것과 먹지 않는 것을 보며 일희일비했다. 과수원에서 적과^{摘果}(알 굵은 열매를 위해 작은 과일을 솎아내는 일)한 새끼 사과를 모아 돼지에게 주었다. 사람이 먹지 않는 오디와 벌레 먹은 자두도 주었다. 돼지는 이 모든 걸 아주 맛있게 먹었다. "츄릅 츄릅." 동네 빵집에서 팔고 남은 빵을 가져다주었다. 내가 일하는 목장의 비품 요구르트를 섞어 주기도 했다. 고구마 쭉정이, 상처 난 감자 같은 농부산물은 계절을 돌아가며 나왔다. 어느 날은 돼지우리에 가보니 나보다 먼저 다녀간 사람이 있었다. 무 한무더기가 돼지 앞에 놓여 있었다. 누굴까, 앞서 다녀간 이 사람은. 그도 나와 비슷한 재미를 맛보고 있는 것 같았다. 돼지들이 맛있게 먹는 걸 보는 즐거움이 분명 있었다. 하지만 매일 먹이를 한 수레씩 가져오는 일이 쉽지만은

빵이 아니면 밥을 달라.

않았다. 사실 그냥 사료를 먹이면 편한데, 왜 나는 고생해가며 부산물을 먹이고 싶었을까.

과거에 가축은 콩꼬투리나 옥수숫대 같이 인간이 먹지 않는 부산물을 먹었지만 이제는 콩이나 옥수수, 즉 농산물 자체를 먹는다. 전세계 농지의 83퍼센트가 가축을 기르고 그들을 먹이기 위한 작물을 재배하는 데 쓰인다. 주객이 전도되었다. 옥수수와 콩은 표토를 사라지게 하는 대표적인 사막화 작물이다. 지구의 피부 역할을 하는 표토 없이는 농사를 지을 수가 없다.

2008년 미국 공학한림원National Academy of Engineering은 인류가 당면한 문제를 해결함으로써 인류의 삶의 질을 향상시킬 수 있는 '21세기의 공학적 난제' 14개를 발표했다. 14개 과제 중 하나로 '질소 순환 관리'가 선정되었다. 질소는 생물의 단백질을 구성하는 물질이다. 산업사회 이전까지 지구 생태계의 질소는 평형을 이루고 있었다. 공기 중의 질소는 미생물에서 식물로, 식물에서 동물로, 동물에서 다시 토양과 공기로 순환한다. 그랬던 질소가 급격히 유입된 주요 원인은 질소비료, 축산 폐기물, 자동차 배기가스다.

질소는 우리가 마시는 물의 오염원이다. 질소는 물의 부영양화를 초래하고 하천에서는 녹조를, 바다에서는 적조를 일으키는 원인이 된다. 그 때문에 생물이 살 수 없는 죽음의 해역$^{dead zone}$이 늘고 있다. 또한 빗물에 의해 하천으로 흘러드는 질산염은 지하수를 오염시킨다. 질소 과다 지하수를 마신 어린이는 청색증에 걸린다. 질소 유입의 주요 원인인 질소비료 사용과 축산 폐기물은 서로 연관되어 있다. 상당한 양의 화학비료가 사료를 생산하는 데 쓰인다. 산업은 동물의 빠른 성장을 위해 질소질 사료를 먹이고, 이를 먹은 동물의 분뇨에는 질소가 많이 들어 있다. 최근에는 질소가 기후변화의 원인 물질이라는 것도 밝혀졌다. 토양에 과잉 유입된 질소가 분해되면서 생기는 아산화질소는 이산화탄소보다 약 300배 더 강력한 온실효과가 있다.

이런 내용을 접하면, 축산업계에서는 외양간에서 가축을 키우던 시절로 돌아가자는 말이냐고 묻는다. 그렇게 키워서는 온 인류를 먹일 수 없다고 사람들은 반박한다. 극단적인 사례를 들어가며 대안에 대한 논의를 막고 변화를 거부한다. 하지만 지금처럼 먹어서는 안 된다는 사실이 점점 분명해지고 있다. 변화가 필요하고 대안을 찾아야 하는 때다.

이것이 내가 돼지에게 사료를 주지 않고 농부산물을 준 이유였다. 마냥 번거로운 일로 보일지도 모르지만, 별도의 에너지 투입 없이 생긴 먹이로 돼지를 기른다는 뿌듯함은 물론 돼지가 무엇을 먹고 좋아하는지를 보며 느끼는 순수한 즐거움이 있었다.

9.
방 청소를 깨끗이

돼지와의 생활에 적응해가다보니 어느덧 여름이 왔다. 매일 매일이 어제보다 더 후덥지근했다. 날이 더워지니 벌레도 점점 늘어났다. 돼지우리에는 먹다 흘린 음식, 오줌, 똥 등으로 인해 파리가 꼬이기 시작했다. 초반에는 '사람 집에도 파리가 있는데, 하물며 동물 집에야 당연히 있겠지' 정도로 가볍게 생각했다. 파리 문제는 강 건너 불구경인 줄 알았다. 그런데 파리가 늘어나는 속도가 대단했다. 찾아보니 집파리는 한번에 100~150개, 평생 약 1000개의 알을 낳는데, 알은 빠르면 열두시간이면 깬다고 한다. 한번 퍼지기 시작한 파리는 역병이 퍼지듯 늘어났다. 정말 하루하루가 달랐다.

어느 저물녘, 돼지우리를 치우다 고개를 드니 석양 그림자가 지고 있었다. 아름다운 풍경에 잠시 허리를 펴고 일어나 땀을 닦았다. 꼬물꼬물. 이상하다. 아니, 그림자가 아니었다. 파리 떼였다! 이렇게 많은 파리 군집은 태어나 처음이었다. 눈 닿는 곳, 발길 가는 곳마다 파리의 군무가 펼쳐졌다.

백만쌍의 공동 짝짓기가 이루어졌다. 유전자 보존을 향한 백만 파리의 단일한 목표. 그 노력은 곱절의 자손으로 결실을 보았다. 애벌레들이 빠글빠글 꿈틀거렸다.

군대에서만 10년이다. 나는 관료 조직에서의 특수 훈련을 성공적으로 체화해냈다. 숱한 위기와 부침이 있었다. 선배들은 내게 위기에 맞서는 비기를 전수해주었다. 비급은 세 단계로 나뉜다. 첫 단계는 현실 부정. "내가 잘못 본 거야"라는 말을 되뇌어본다. 다음 단계는 책임 회피. "분명 산 넘어 오는 애들이야"라며 남 탓하기. 마지막 단계는 정신 승리. 지금 같은 속도로 파리가 번창한다면 식량 부족 사태가 올 것이고, 결국 대기근이 오리라. "파리는 수명이 짧으니까 곧 사라질 거야." 하지만 현실에서는 비급도 소용없었다. 구더기 무서워 장 못 담근다는 말이 괜히 나온 게 아니었다. 대기근은 오지 않았고, 파리의 식량은 충분했다. 여름은 이제 막 시작되었고, 파리들이 할 일은 종족 번식밖에 없다. 구덕, 구덕. 소름 돋는 이 현실을 인정할 수밖에 없었다. 대책을 세워야 했다.

전기 파리채를 샀다. 파리채는 테니스 라켓과 배드민턴 라켓 중간쯤의 크기와 모양이고, 파리채를 휘둘러 전기가 흐르는 철망에 벌레가 닿으면 감전되어서 죽는다. 파리가 앉아 있을 때만 잡을 수 있는 고전 파리채와 달리, 날아다니는 파리도 잡을 수 있다. 비행 시간이 긴 모기나 날벌레에 특히 효과가 좋다는 후기가 달려 있었다.

전기 파리채가 도착한 날, 포장을 뜯으며 나는 조금 흥분했다. '딸깍' 전기를 켜는 소리에 전율이 느껴졌다. 전기 파리채를 들고 곧장 돼지우리로 달려갔다. 평소와 다름없는 날이었다. 파리들은 햇볕에서 파라다이스를 즐기고 있었다. 돼지밥을 챙겨주며 저들의 동태를 살폈다. '이 생활도 이제 끝이다.' 마음이 급해졌다. 해가 저물어가고 파리들이 밤을 보낼 곳을 찾아 모여들고 있었다. 딸깍. 전기 파리채의 스위치를 올리고, 돌격! 사방팔방으로 전기 파리채를 휘둘렀다. 휘 휘. 파리채 철망에 파리가 부딪치며 '파지직, 파지직' 감전되는 소리가 들렸다. 탁, 탁. 전기에 튀겨진 파리가 후드득후드득 떨어졌다. 나는 파리채와 한 몸이 되어 빙글빙글 돌았다. 멈추지 않는 죽음의 춤. 아버지의 원수 앞에서 칼춤을 췄다는 중국 장수의 이야기를 떠올려본다. 이쯤 되니 내가 아니라 광기가 나를 춤추게 했다. 죽음의 냄새가 석양에 가득했다.

그러나 일장춘몽이었다. 백만 파리 떼 앞에서 전기 파리채는 무력했다. 철망은 파리 한마리가 딱 들어가는 크기였는데, 들어가기는 쉬워도 나가기는 어려웠다. 촘촘한 철망에 파리가 너무 잘 꼈다. 감전된 파리가 철망에 그대로 들러붙는 바람에 여러마리가 낀 파리채는 분배의 법칙(1/n)에 따라 약해졌다. 잠깐 기절했던 파리가 다시 제 갈 길을 떠났다. 철 망을 정비하기 위해 자주 멈춰야 했다. 철망에 낀 파리를 하 나하나 떼어가며 하려니 속도가 느렸다. 그 순간에도 파리 떼는 도발을 멈추지 않았다. "웽-" 피가 거꾸로 솟았지만 침 착해야 한다. 총알을 장전하듯, 파리 사체를 하나씩 떼어내 고 다시 스위치를 올렸다. 파지직.

전기 파리채가 처음 나왔을 때 이 획기적인 발명품에 모 두가 놀랐다. 진화는 멈추지 않았다. 건전지 교체가 번거롭 던 초기 모델에 충전 기능이 더해졌다. 핸드폰 충전 케이블 에 연결해 충전할 수 있는 모델이 나왔고, 이후에는 220볼 트 콘센트에 바로 꽂아 충전할 수 있는 모델이 생겼다. 전기 의 살상력을 국가에서도 인정했는지 안전이 강화되었다. 전 기 철망을 둘러싼 안전 철망이 생겼다. 사람이 전기 맛을 볼 수 없도록 말이다(여기에 파리가 꼈다). 온, 오프만 있던 스 위치가 3단계 스위치로 바뀌었다. 손잡이 좌우에 있는 버튼 을 동시에 눌러야 전기가 흘렀다. 이 모든 기능을 집대성한 파리채는 더이상 파리채가 아니었다. 파리 방망이라고 해 야 할까? 파리채의 본질에서 멀어졌다. 엄지와 검지로 동시 에 버튼을 눌러야 작동되기 때문에 주력 손가락이 빠진 손 아귀 힘만으로 손잡이를 들려니 손에 쥐가 날 것 같았다. 한 손 파리채 춤은 점점 두 손 방망이질이 되었다.

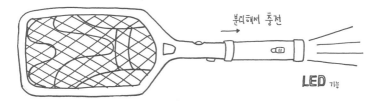

고기 불판 같은 전기채
고기... 아니 파리가 잘 걸린다.

이름은 파리채지만 파리를
잡기에는 전기가 약하다.

이쯤 되면 파리약을 뿌리고 싶은 마음이 목구멍까지 차오른다. '킬라' 본능이랄까. 하지만 그럴 수는 없다. 약이 묻은 파리 사체와 살충제가 돼지가 뒹구는 땅에 남을 것이기 때문이다. 밥을 잘 흘리고 땅 파는 걸 좋아하는 돼지가 살충제를 먹을 수도 있다. 땅파기는 돼지가 좋아하는 활동이다. 배가 고파서라기보다는 땅을 파는 와중에 소소한 먹이를 발견하는 걸 즐겼다. 땅속 무언가가 돼지를 끌어당기는 것 같았다. 매일 새로운 구덩이를 파대는데, 더운 날에는 구멍에 몸을 뉘어 땅속 냉기를 즐기곤 했다. 적은 양이라고 해도 돼지가 먹을 수도 있는 흙에 살충제를 뿌리고 싶지 않았다.

현대 환경운동의 선구자 레이첼 카슨*Rachel Carson*의 『침묵의 봄』 출간 이후, 살충제가 생태계에 축적된다는 것은 상식이 되었다. 인류는 대지가 화학약품을 무한히 해독할 수 있을 거라 생각했다. 뿌리면 그만인 줄 알았던 약품이 결국 인간에게 돌아왔다. 당시 문제가 되었던 살충제 DDT는 이 책이 나오고 얼마 후 사용이 금지되었다. 역사 속으로 사라진 줄 알았던 DDT가 2017년 한국에서 검출되었다. 무려 40여년 전에 뿌린 살충제가 땅에 남아 있었던 것이다. 최근까지도 가습기 살균제 등 화학제품으로 인한 사건은 계속 이어지고 있다. 일부 기업은 '케미포비아'(화학물질에 대한 공포증)를 비과학이라고 하지만, 사람들은 바보가 아니다. 화학제품에 대한 불신은 근거 없이 생기지 않는다. 생태계에 유입되는 약품의 분해 속도와 누적량을 인간은 예측할 수 없다. 돼지와 내 건강은 연결되어 있다.

살충제를 뿌리지 않겠다는 결심은 가상했지만, 그대로 사는 건 고생스러운 일이었다. 파리들에게 조롱당하는 나날이 이어졌다. 파리는 내 눈앞에서, 뒤통수에서 뱅글뱅글 날아댔다. 굴욕을 참아가며 돼지 똥을 치우던 중 아이디어 하나가 불현듯 스쳐갔다. 그래, 닭이다! 흙이고 벌레고 뭐든 쪼아 먹는 닭이 나를 구원해줄지도 모른다. 농부산물을 먹는 돼지들, 돼지 부산물에 꼬이는 벌레들. 벌레를 처리해줄 누군가가 필요했다. 공룡의 후손, 닭이 나의 오래된 미래였다. 신의 '계'시였다. 번뜩이는 광명에 닭살이 돋았다(그냥 청소를 깨끗이 해주면 될 것을, 샛길 찾기 '공인기능사'인 나는 정답을 두고 또 샛길을 찾았다).

10.
캡틴 H의 집에서

닭을 데리러 간 곳은 캡틴 H의 집. 다랑논이 굽이굽이 내려다보이는 빨간 양철 지붕 집에 캡틴 H의 다섯 식구가 살고 있다. 그의 아버지가 살았고 할아버지가 살았던 옛집을 신식으로 고친 집이다. 캡틴 H는 마을 토박이 농부다. 농업고등학교와 농과대학교를 졸업한 그는 군대를 다녀온 뒤 줄곧 농사를 지었다. 어느새 농부 20년 차를 앞두고 있다.

고향에 사는 이들이 그렇듯 그도 여러 단체에 소속되어 있고, 젊다는 이유로 온갖 모임의 총무를 도맡았다. 안타깝게도 이후로 들어오는 후배가 없으니 '만년 총무 기념비'라도 세워야 할 판이다. 문중이라거나, 동문이라거나, 작목반이라거나 하는 온갖 멤버

만년 총무의 비.

십이 얽히고 누적되는 곳이 지역사회다. 퇴적된 책임감의 무게가 답답할 만도 한데, '총무 H'는 성실하게 책임을 다했다. 하지만 얌전한 고양이가 부뚜막에 먼저 오르는 법 아니겠는가. 만년 총무에게도 야망이 있었으니, 그 음흉함을 알게 된 이후 나는 그를 '캡틴 H'라 부르지 아니할 수 없었다.

대안축산연구회. 그가 바로 이 비밀스럽고 반체제 냄새 나는 모임의 주동자다. 지난겨울 캡틴 H의 전화를 받고 나간 자리에는 동물을 키우는 이들, 그중에서도 그에게 선택받은 이들이 모여 있었다. 모임의 이름답게 혁명이나 연구 같은 대단한 이야기를 할 것 같았다. 그러나 애석하게도 이곳은 충청도 한복판이었다. 에둘러 말하고, 모호하게 말하고, 누구도 똑 부러지게 의중을 말하지 않았다. 속마음이 새어 나오는 것인지 혼자 되뇌는 것뿐인지 모를 말들이 오갔다. 어쩌면 그냥 환청을 들은 것인지도 모르겠다. 그럼에도 끈기 있게 모임을 이끌어간 이가 캡틴 H였다. 평소 쑥스러움 많고 웬만해서는 잘 나서지 않는 그에게서는 분명 보기 드문 모습이었다. 특유의 뜨뜻미지근함으로 겨울밤을 데웠다.

세상이 변하고 있다. 대안축산연구회는 바뀌어가는 세상에 발맞춰 기존의 축산 방식을 어떻게 변화시킬 수 있을지 연구해보기로 했다. 근본적인 변화는 어렵다 해도 작은 대안이나마 찾아보자. 가축도, 사람도, 환경도 건강해질 수 있는 방법을 실험해보자. 엉덩이가 들썩거렸다. 축산인 스스로의 실험이라니, 대단한 일이 벌어질 것 같았다. 의기가 충천하고 가슴이 뛰었다.

축산인이며 농부인 우리가 분연히 일어나 지금의 방식과는 다르게 동물을 기르는 길을 선도해보자고 결의했다. 농부가 직접 나서보자는 말이었다. 그런데 우리 지역은 이미 축사 포화 지역이어서 신규 축사를 짓는 건 어려웠다. 기존 축사를 구입하자니 비용이 너무 많이 들었다. 더이상의 신축이 어려워지자 기존 축사가 높은 가격에 거래되고 있었기 때문이다. '큰돈' 못 버는 자연축산을 하기에는 초기 투자비가 부담스러웠다.

몇개월 뒤, 봄이 왔다. 정신을 차려보니 나는 돼지를 키우고 있고, 정작 충청도 사람들은 뒤에 빠져 있었다. 샌님 홀로 최전방에 서 있었다. 동물을 키우는 일은 쉽지 않았다. "아, 진짜 돼(뭬)지겠네" 하는 말이 절로 나왔다.

그 주동자의 집에 왔다. 캡틴 H는 유기농 쌀을 직접 도정해서 도시 소비자들과 직거래하고 있다. 벼를 보관·탈곡하고, 선별·포장·배송·소통까지, 번거롭고 손 많이 가는 일을 한 지가 벌써 10여년째다. 단순 거래가 아니라 사람들과의 관계가 중요하다고 생각하기 때문이다.

도정을 직접 하는 덕분에 그에게는 덜 여문 쌀인 청치와,

현미를 백미로 만들 때 깎여 나오는 쌀겨(미강*糠이라고도 한다)가 많았다. 사람들이 백미를 주로 먹기 때문에 쌀겨가 많이 나왔다. 현미가루인 쌀겨에는 쌀 영양분의 대부분이 담겨 있다. 사람이 먹지는 않지만 그렇다고 바로 퇴비로 만들기도 아까운 부산물이다.

캡틴 H의 집에 도착하니 다섯마리의 닭이 집 마당을 노닐고 있었다. 평화로운 농가의 모습이다. 캡틴 H의 여덟살 아들의 양계 사업을 위해 닭을 데려왔다고 했다. 닭의 사료로 청치와 쌀겨도 활용하고 달걀도 얻을 수 있으니 그에게는 썩 괜찮은 그림이었다. 달걀 수거와 배달을 맡은 아들에게 판매금 100퍼센트를 배당한단다. 이웃들도 건강한 사료를 먹고 뛰노는 닭이 낳은 유기농 달걀을 마다할 이유가 없었다. 게다가 집 앞까지 배달해준다니, 말 다 했다. 캡틴 H 부자의 양계 사업은 뜨거운 반응을 보이며 자리를 잡아갔다. 없어서 못 팔 지경이었다. 캡틴 H는 기뻐했다. 자랑하던 그의 모습은 오랜만에 신나 보였다. 하지만 인생사 새옹지마라 했던가. 그 모습을 지켜보던 또다른 생명체가 있었으니, 한반도 고유종이자 멸종위기종, 바로 삵이었다.

"진짜 삵이었다니까." 조상 대대로 살아온 캡틴 H의 집은 하필 삵의 터였다. "고양이도 아닌 것이 생긴 게 묘하더라고." 고양이를 키우고 있으니 고양이를 삵이라고 착각했을 리는

1부 공장과 농장 사이

없다는 게 그의 주장이었다. 정말 묘한 일이었다. 캡틴 H 외에 삶을 본 이가 아무도 없었다. 그렇다고 그가 거짓말을 할 사람은 아니었다. 어쩌면 신^神의 강림이 아니었을까. 하루 자고 나면 닭이 한마리, 다음 날은 두마리가 사라졌고, 열댓마리에서 댓마리로 닭 무리가 줄어들었다. 여덟살 꿈나무의 사업장이 삶신을 위한 제단이 되어갔다. 처음에는 열댓마리가 있었는데, 지금은 겨우 다섯마리가 남았다. 그중 한마리를 내 돼지우리로 모셔오게 되었다.

11.
정답은 이 안에 있어

"돼지가 닭도 잡아먹어."

동네 이모가 말했다. 이모가 어렸을 때 뒷간 밑에서 돼지를 키웠더랬다. '똥간'에 빠지는 것도 무섭지만 돼지가 뒷간 위로 코를 내미는 건 더 무서웠다는데… 그 돼지가 닭을 잡아먹었다는 것이다.

"에이, 거짓말."

나는 믿지 않았다. 이모가 순진한 시티 보이를 놀리는 거라고 생각했다. 캡틴 H의 집에서 닭을 데리고 돌아오는 길, 그제야 이모의 말을 진지하게 곱씹어보았다.

"어느 날 돼지 밥을 주러 갔는데 말이야, 그날따라 닭이 따라왔던 거야. 바가지에서 떨어지는 밥을 주워 먹고 싶었던 게지. 닭은 똑똑한 것 같으면서도 순간 멍청하거든. 떨어지는 밥을 주워 먹다가 내가 던지는 밥을 따라 뒷간 속으로 들어가버린 거야, 글쎄. '푸다닥' 하고. 돼지가 처음에는 닭에 관심이 없는 것 같더라고. 그런데 닭을 천천히 구석으로 몰았던 거였어. 그러곤… 순식간이었지. 토끼장에서 떨어진 새끼 토끼도 같은 길을 갔어."

옛날 대항해시대의 선원들은 돼지를 배에 태우고 다녔다고 한다. 식량으로 쓸 요량이었다. 잔반을 먹일 수 있으면서 번식도 잘하고 성장도 빨랐기 때문이다. 기항지마다 돼지를 몇마리 풀어주기도 했단다. 돌아오는 길에 다시 들러 잡아먹을 수 있으니 말이다. 돼지들은 어디서나 적응을 잘했다. 인도네시아의 경계심 없기로 유명한 도도새의 멸종에 이 돼지들이 한몫했다고 하지 않나. 『아기 돼지 삼형제』 같은 동화로나 돼지를 알아왔던 내게 돼지는 약자였지 사냥꾼이 아니었다. 동화 속에서는 늑대를 뺀 모든 동물이 친구였는데 현실은 그렇지 않았다. 돼지들이 닭과 잘 지낼 수 있을까? 또 하나의 근심을 만들고 있는 게 아닐까?

아주 계획 없이 닭을 데려온 것은 아니었다. '치킨 트랙터'라는 닭장을 만들 생각이었다. 치킨 트랙터는 바닥이 뚫려 있고 이동할 수 있는 닭장이다. 닭이 발로 땅을 파고 풀을 먹는 습성이 땅을 갈아엎는 트랙터와 비슷한 기능을 한다. 적당한 퇴비와 풀 관리가 땅을 비옥하게 하지만, 닭이 한곳에 오래 머무르면 땅을 황폐하게 만든다. 똥이 한곳에만 누적되면 부영양화되고, 땅의 피부 역할을 하는 풀이 없어지면 생물이 살 수 없다. 그래서 치킨 트랙터는 닭을 이동시킬

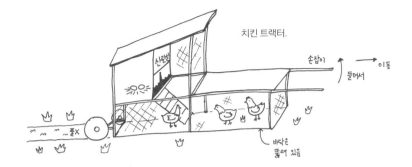

치킨 트랙터.

수 있도록 고안되었다.

미국의 '폴리페이스'Polyface라는 농장에서는 소와 닭, 그리고 돼지를 같이 키운다. 농장주인 조엘 샐러틴Joel Salatin은 동물을 한종만 키우는 것도 한 농경지에 한 농작물만 키우는 단작單作만큼 나쁜 일이라고 말한다. 여러 가축을 키우면 다양성을 통해 상호 보완할 수 있다는 것이다. 자연에 한가지 종만 존재하는 경우는 없다. 다양한 종이 서로 균형을 유지한다. 한가지만 키우(남기)고자 하면 불균형이 생기고, 불균형 상태를 유지하기 위해서는 억제가 필요하다. 단작의 범위가 넓어질수록 억제는 커지고, 작용이 있으면 그만큼의 반작용이 발생하는 것이 자연의 법칙이다.

어느 구역에서 옥수수만 키운다면 옥수수를 좋아하는 곤충의 대량 출몰을 피할 수 없다. 보통의 억제 방법은 살충제다. 결과적으로 살충제는 익충에게 큰 피해를 준다. 크기

1부 공장과 농장 사이

가 더 작고 개체 수가 더 많은 해충에게는 살충제 내성이 생길 가능성이 크다. 그러면 농부는 살충제에 더욱 의존할 수밖에 없고, 더 강력한 화학제품이 생태계에 유입된다.

대량 단작을 위해 인공적으로 만든 작물이 유전자 변형 생물genetically modified organism(이하 GMO)이다. GMO 옥수수에 적용되는 대표 기술은 두가지다. 하나는 옥수수에 독성 유전자를 넣어 옥수수를 먹는 곤충을 죽이는 것이고, 다른 하나는 제초제에 내성을 가진 유전자를 넣는 것이다. GMO의 핵심은 서로 다른 종간의 유전자 합성인데, 이 합성이 안정적인지, 혹여 생태계에 교란을 가져오지 않을지에 대한 논쟁은 아직 분분하다. 미국은 GMO 작물 재배를 허용하지만, 유럽은 유럽연합EU 회원국 중 3분의 2가 금지하고 있다.

조금 더 검증된 위험은 작물 재배에 쓰이는 제초제의 독성이다. 제초제를 제조하는 회사에서 제초제 내성 GMO 옥수수를 개발했다. 말하자면 세트 상품인 셈이다. 이 세트 상품으로 유명한 제초제 글리포세이트는 세계보건기구WHO에서 2015년에 발암추정물질로 지정했다. 글리포세이트가 사용된 지 40여년 만이다. 옥수수 생산 과정에서 글리포세이트가 생태계에 대량 살포되었다. 미국에서 생산되는 옥수수의 90퍼센트는 GMO 옥수수다. 한국은 미국산 옥수수를 두번째로 많이 수입하는 나라다. 업계는 동물 사료로 쓰니까, 사람이 직접 먹지는 않으니까 괜찮다고 말한다.

폴리페이스 농장 이야기로 돌아가면, 이곳은 야생의 생태계를 모방한다. 다양한 동물의 본성에 맞춰 각 동물을 조화롭게 배치한다. 샐러틴은 전체 목장을 여러 구획으로 나누고 한 구획에 일정 기간 소를 방목한다. 정해진 기간이 되면 소를 다음 초지로 이동시키고 돼지와 닭이 소가 있던 곳으로 간다. 순환 방목의 핵심은 서로 다른 동물의 특성을 이해하는 데 있다.

소는 풀을 소화할 수 있는 몇 안 되는 가축이지만 구강 구조상 짧은 풀을 먹을 수 없다. 같은 초지에 계속 살면 똥을 통해 기생충에 감염될 수도 있고, 닭과 마찬가지로 한곳에만 머무르면 땅을 척박하게 만든다. 그래서 야생의 소는 계속 이동한다. 한편 닭은 짧은 풀을 먹을 수 있고 벌레를 먹는다. 똥을 파헤쳐 벌레를 먹기 때문에 똥을 흩어주는 기계를 쓰지 않아도 된다. 자연스레 기계, 약품, 사료 의존성이 줄어든다. 외부 의존성을 줄인 만큼 자본이 적게 들고, 대출이 필요하지도 않다. 대출이 없는 만큼 농장은 자유롭다.

순환 방목은 생태계를 풍성하게 한다. 동물의 똥은 토양 미생물의 식량이며, 미생물은 풀의 영양을 높인다. 다양하고 풍부한 영양을 담은 풀은 '초원의 샐러드 바'를 만든다. 다른 일반 목장과 비교해도 생산량이 떨어지지 않는다. 폴리페이스 농장은 같은 면적에서 일반 농장에 비해 더 많은 동물을 기른다.

비록 책에서 읽은 내용이지만 폴리페이스 농장에서 영감을 받아 치킨 트랙터를 만들었다. 나무 파렛트를 반으로 잘라 바닥이 뚫린 삼각형으로 세우고 철망을 둘러쳤다. 뚝딱! 간단한 이동식 닭장이 되었다. 너무 빨리 만들었나? 좀 불안하다. 돼지우리 안으로 치킨 트랙터를 입장시켰다. 닭장 안으로 닭도 입장했다. 닭장을 사이에 두고 닭과 돼지의 첫 만남이 이루어졌다. 호기심 가득한 돼지와 멀리 떨어지고 싶은 닭이 서로 쫓고 도망가느라 난리였다. 닭이 벌레를 먹어야 하는데, 돼지를 신경 쓰느라 밥을 못 먹었다. 닭장이 너무 작은 게 문제구나. '차차 고쳐나가야지' 하고 안일하게 생각했다.

다음 날 아침, 닭이 사라졌다. 피 한방울, 깃털 하나 남기지 않고 감쪽같이 없어졌다. 범인은 돼지일까? 철망에 주먹만 한 구멍이 남아 있었다. 족제비 정도의 크기였다. '근처 산에서 내려온 야생동물이 물어간 게 분명해.' 돼지만 조심하면 된다고 생각했는데… 돼지들은 태평히 낮잠을 자고 있었다. 닭이 사라지는 걸 그저 지켜만 보았을 걸 생각하니 돼지 머리를 한대 쥐어박고 싶었다. 사실 돼지들이 닭을 지켜야 할 의무는 없다. 쥐어박아야 할 건 나 자신이다.

그다음 날, 밭에서 빈 달걀 껍데기 하나를 발견했다. 닭을 데리고 있다는 납치범의 연락일까? 주변을 둘러보았다. 아무 흔적이 없다.

몇주가 지났다. 어느 날 돼지 밥을 주고 있는데 조금 큰 산비둘기가 돼지우리로 날아왔다. 헉, 아니다. 닭이었다. 내가 귀신을 보고 있는 걸까? 홀연히 산에서 내려온 닭이 돼지 옆에서 밥을 쪼아 먹었다. 산에 살고 있었던 모양이다. 돼지와 닭은 서로 관심을 두지도 피하지도 않았다. 저녁이 되자 닭은 뒷짐을 지고 다시 산으로 올라가 나무 위에 자리를 잡았다. 그래, 삶신 강림에도 살아남은 꼬꼬댁이었다. 보통내기가 아니다. 왜 껍데기만 오는지는 모르겠으나, 그 이후로도 밭에서는 빈 달걀 껍데기가 종종 발견되었다.

그와 별개로 어느 순간 파리 떼는 사라졌다. 퇴비장을 만

돼지와 닭의 공생.

1부 공장과 농장 사이

들어 돼지 똥을 매일 치워준 덕분인 것 같았다. 역시 파리의 원인을 없애는 게 답이었다. 사실 돼지 삼남매의 똥 치우기는 쉬운 편이다. 돼지는 정해진 자리에만 똥오줌을 눈다. 한 터에 머무는 짐승의 본능인 것 같다(이동하는 동물, 예컨대 소와 염소는 아무 곳에서나 대소변을 눈다). 위생적일수록 생존율이 높아진다. 똥도 질펀한 똥이 아니라 고구마같이 단단한 똥을 누었다. 손으로 집을 수 있을 정도다. 가축의 살을 빠르게 찌우기 위한 곡물 사료는 똥을 질척하게 만들고 냄새도 고약하게 한다. 질소가 많이 포함되어 있기 때문이다. 사람이 고기를 먹은 다음 날 똥 냄새가 심해지는 것도 같은 이유다. 섬유소를 많이 먹으면 냄새가 덜하다.

약품이나 기계를 덜 쓰는 일에는 고생이 아니라 지혜가 필요했던 것 같다. 자연에 대한 이해 말이다. 하지만 고생하는 만큼 이해하게 되는 것이니, 이번 고생은 필연이었다고 해야 할까. 시티 보이의 깨달음, 아니 자기위안.

[가금학] 전문가들의 신념은 무엇인가? 그들은 가격이 저렴할수록 더 좋은 달걀이라고 믿고 있다. 가장 저렴한 달걀을 생산할 방법은? 바로 밀집사육 시설. 밀집사육 시설은 워낙에 더럽고 비위생적이어서 병균이 서식하기 쉬운, 한마디로 닭의 닭다움과 정반대되는 곳이다. 따라서 전문가들은 조류

건강을 위해 당연히 항생제를 먹여야 한다고 믿는다. 그리고 모든 조류는 이런 서식 환경에서 자주 발생하는 악성 질병에 대비해 백신을 접종해야 한다고 믿는다.

전문가들은 달걀이 고병원성 분뇨에 뒤덮였을지 모르니 모든 달걀을 염소로 세척해야 한다고 믿는다. 염소는 위험하고 치명적인 물질인데! 농부는 이제 위험물질을 보관하기에 적절한 공간을 짓고 허가도 받아야 한다. 공간을 마련하고 규제에 따르려면 비용이 만만치 않다.*

---

* 조엘 샐러틴 『돼지다운 돼지』, CR번역연구소 옮김, 홍성사 2020, 247~48면.

12.
워터 파크 개장

내가 농사짓는 텃밭은 마을 구석, 야트막한 산 아래에 있다. 아침 해가 산을 타고 오느라 볕이 늦게 드는 서향이다. 별거 아닌 것 같지만, 식물에게 햇볕 한두시간은 차이가 굉장히 크다. 습기나 온도, 생장 속도가 달라진다. 다 같은 밭처럼 보여도 해가 드는 정도에 따라 자라는 생태가 달라진다. 우리 밭은 양기가 부족하다. 모양도 길쭉해서 트랙터가 움직이기 불편하다. 기계 관점에서 보면 농사짓기 좋은 곳이 아니다. 물론 그 덕분에 쉽게 빌릴 수 있었지만.

길이 없으니 지나는 사람도 없다. 그래서 마을 어르신들의 조언(=잔소리) 없이 농사를 지을 수 있다. 어르신들은 서울 샌님이 밭에 꼬부리고 앉아 뭘 하고 있는지 궁금해하는 눈치였지만 오다가다 들를 방법(=길)이 없었다. 유일한 문제는 고라니가 다니는 길목이라는 점이다. 우리 밭은 고라니 쉼터 같은 곳이었고, 고라니는 내 텃밭에서 샐러드 바를 실컷 즐기고 갔다. 보리순, 상추, 콩잎, 옥수수. 비가 오면 밭 좌우로 지천이 흘렀다. 장마가 지나면 물길을 따라 그늘지고 축축한 식물이 밭을 감싸며 자랐다. 채도가 낮아지면서 더 외진 느낌이 들었다. 돼지는 이곳에 있었다.

지천을 건너 마을이 있다. 외떨어진 덕에 돼지도 별다른 간섭 없이 키울 수 있었다. 하지만 이곳은 수도 시설이 없었다. 동물을 키울 때 물은 필수 요소다. 바로 옆이 지천이지만 수량이 일정하지 않다. 작은 댐을 만들어 물을 가두어볼까도 싶었다. 모래주머니를 쌓아 댐을 만들어보았지만 비가 오던 날 깨끗이 쓸려갔다. 전기를 멀리서 끌어와야 했던 것처럼 물은 또 하나의 과제였다.

돼지는 땀샘이 없다. 개의 피부와 비슷하다. 따라서 체온 조절 능력이 떨어진다. 밤에 활동하고 습지를 찾아갈 수 있는 야생 돼지의 경우 더위는 문제가 되지 않는다. 여차하면 땅을 파고 습지를 만들어 진흙 목욕을 할 수도 있다. 오히려 추운 겨울을 대비하는 편이 생존에 유리했을 것이다. 그래서 지방이 두텁게 진화했다. 하지만 가축화된 돼지는 야생 돼지와 달리 낮에 활동한다.

여름이 가까워지면서 돼지들이 맥을 못 췄다. 운동장 위로도 '가빠'(파란색 방수 천막)로 가림막을 설치했지만, 손바닥으로 해를 가릴 수 없는 일이었다. 밭에서 제일 좋은 자리에서 살게 해주고 싶었다. 그랬던 것이 그만… 해가 가장 잘 들고, 가장 오래 내리쬐는 남향에 돼지우리를 앉힌 것이다. 양기는 모두에게 좋은 줄 알았지 뭐야. 돼지는 햇볕에 화상을 잘 입는다는 걸 몰랐다. 돼지들은 밥 먹을 때를 빼고는 조각그늘 밑에서 낮잠을 잤다. 하지만 체구가 큰 덕에 열을 더 많이 흡수하고, 신진대사량이 많았다. 오늘도 코로 땅을 파고는 습하고 시원한 구덩이 속에 누웠다.

돼지의 후각은 고도로 발달되어 있다. 인간보다 냄새를 2000배나 더 잘 맡는 덕분에 주변의 온갖 냄새를 구분할 수 있다. 풀마다 나무마다 향이 다르다는 걸 안다. 땅속에 있는 식물의 뿌리를 찾을 수 있고, 인간이 심은 고구마나 감자도 그렇게 찾아낸다. 땅을 파다 간혹 나오는 벌레는 맛있는 간식. 돼지의 왕성한 호기심과 다양한 식성, 튼튼한 주둥이, 이 삼박자가 어우러져 '루팅'rooting이 이루어진다. 돼지들은 제 나름의 이유로 어떤 지점을 파고 들쑤셔댔다. 돼지 운동장 곳곳이 패어갔다. 땅파기는 배가 고파서라기보다는 욕구를 해소하는 과정 같다. 동물도 인간처럼 욕구를 해소하면서 스트레스를 푼다.

체온조절을 할 수 없는 동물에게 수분 보충은 중요하다. 정화수를 올리듯 매일 물을 떠 갔다. 소중한 물을 흘릴까, 조심히 솥에 부어드렸다. 하루하루 20리터 통을 들고 나르는 일은 쉽지 않았다. 임시였음에도 매일 할 수는 없겠다는 판단이 들었다. '어서 음수대를 설치해야겠어.' 음수대는 누르면 물이 나오는 밸브와 그 물을 받는 바가지로 이루어져 있다. 바가지가 달린 음수대는 송아지용이다. 소는 물을 혀로 훑어 마시기 때문에 바가지가 필요하다. 돼지용 음수대에는 바가지가 없다는 걸 몰랐다. 나중에 양돈 용품점에 가보고서야 돼지용 음수대는 빨대같이 생겼다는 걸 알게 되었다. 돼지는 물을 빨아 마실 수 있다(가격이 무려 열배 차이…).

　바가지 음수대를 설치하고 200리터 물탱크에 물을 채워 연결했다. 물이 잘 나온다. 이제 돼지들이 잘 쓰는 일만 남았다. 혹시 돼지들이 사용법을 모를 수도 있지 않을까? 음수대를 설치하고 그 옆에 서서 돼지들이 이곳을 쳐다보길 기다렸다. 볼라치면 사용법을 선보였다. 이렇게 코로 눌러 물을 마시는 거야…라고 직접 시범을 보이지는 않았다. 버튼을 누르

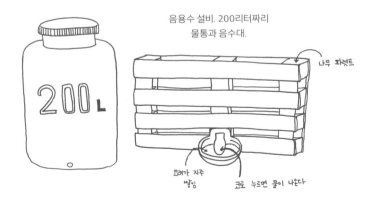

음용수 설비. 200리터짜리
물통과 음수대.

나무 파렛트

물이 자주
쌜림

코로 누르면 물이 나온다

　　　　　　　　　1부 공장과 농장 사이

면 물이 나온다는 걸 알려주고 싶었다. 바가지에 물을 받아 주변에 뿌렸다. 돼지들이 물 냄새를 맡길 바라며. "얘들아, 여기 물이 있다!" 작은 물장구에 무지개가 떴다. 일주일간 무지개를 만든 끝에 음수대는 무사히 자리를 잡았다. 돼지들은 음수대를 잘 사용했다. 교육이란 이런 맛이구나. 흐뭇한 마음이 들었다. 엇, 그런데 생각해보니 삼남매는 어릴 때 일반 축사에서 살았다. 그곳에 음수대가 있었을 게 분명하다. 삼남매는 음수대 사용법을 이미 알고 있었을지도…

2019년 봄은 가뭄이 길었다. 기다렸던 장마도 마른장마로 끝나버렸다. 마을에서는 밭에 심은 모종이 죽기 일쑤였다. 논에서는 물 대기 전쟁이 벌어졌다. 물이 필수인 벼농사는 지하수에 의존해 겨우겨우 하고 있었다. 최근 지하수가 말라가고 있다는 것을 다들 느끼던 터였다. 얕은 관정^{管井}(지하수를 이용하는 수리 시설)에서는 물이 나오지 않았다. 60미터, 70미터, 점점 더 깊게 구멍을 뚫어 물을 끌어다 썼다.

돼지 세마리가 일주일에 물 150리터 정도를 마셨다. 낮이 길어지고 기온도 올라가면서 물 채우는 주기가 더 짧아졌다. 생각 못한 문제도 생겼다. 물탱크 속 온도가 올라가면서 물이끼가 끼기 시작한 것이다. 햇볕은 힘이 셌고 쉬지 않고 일을 했다. 자주 탱크 속을 닦고 새로운 물로 바꾸어주어야 했다. 물은 모아둔 빗물을 주었다. 지붕 밑에 간단한 거름

망을 설치해서 빗물을 모았다. 공기 중의 먼지, 지붕 위의 낙엽이 섞이는 처음 빗물만 빼면 깨끗한 물로 사용할 수 있다. 얼마 전에 목장에 설치한 3톤 규모의 빗물 저금통이 시의적절하게 돼지를 위한 시설이 되었다. 물이 귀한 시기에 마음의 짐을 덜 수 있었다.

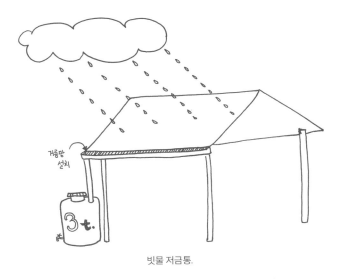

빗물 저금통.

풀로 빽빽했던 운동장은 돼지들이 살고 나서 민둥 땅이 되었다. 폴리페이스 농장처럼 돼지 터를 옮기는 실험까지는 하지 못했다. 생명력 강한 여러해살이풀이 있었지만, 돼지들이 밟고 다지는 데 살아남을 재간이 없었다. 맨흙이 드러난 땅은 더 딱딱해지고 건조해졌다. 먼지가 폴폴 날렸다. 그러던 중, 진흙 목욕을 발견한 건 우연이자 행운이었다. 물을 새로 채우려던 날, 물통에 남은 물이 아까워 운동장에 부었다. "쏴-" 쏟아지는 물소리에 돼지들이 달려왔다. 물줄기를 처음 본 돼지들. 물은 흘러 흘러갔고, 돼지들은 물꼬가 이어지는 길을 가만히 쳐다보았다.

"꿀꿀, 꿀, 꿀."

'꿀-톡'을 나누며 돼지 삼남매의 물줄기 토론이 이어졌다. 서로 의견을 나누는 것 같았다. 이게 뭘까? 이내 물을 쫓아가 냄새를 맡아보기도 하고, 맛을 보기도 하고, 코로 물길을 막아보기도 한다. 물은 돼지들의 코를 훑고 흘러갔다.

"꿀?(헉?) 꿀!(시원하다!)"

물이 많지도 않았는데 돼지들이 몸을 파묻었다. 몸에 불

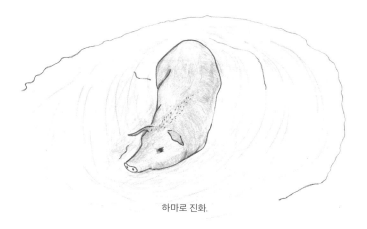

하마로 진화.

이라도 붙은 듯, 조금이라도 더 몸을 적시려고 몸부림을 했다. 비비적비비적. 실개천에서 돼지 세마리가 등을 문지르고 배를 깔고 몸을 문댔다. '물 맛'을 본 돼지들의 마음에 불이 붙었고, 불길은 삽시간에 물 전쟁으로 번졌다. 결말은 역시 싸움이었고, 결론은 대장의 승리였다.

돼지들은 몸집 크기대로 힘이 셌다. 대장 수퇘지, 다음 수퇘지, 암퇘지 순으로 서열이 정해졌다. 수퇘지 두마리가 물을 독식하는 것이 안타까워 수영장을 좀더 크게 만들었다. 땅을 깊고 넓게 파서 물이 충분히 담길 수 있도록 했다. 물도 따로 떠다 붓자 그럴싸한 수영장이 되었다. 세마리 동시 입장이 가능해지면서 싸움이 없어졌다. 돼지들은 하마가 되었다. 그날 이후로 돼지들은 물에서 하루를 보냈다. 밥 먹을 때, 잠시 어슬렁거릴 때를 빼고는 물 밖으로 나오지 않았다. 밥그릇도 수영장 물 위를 떠다녔다. 물을 흠뻑 묻히고 나와 개처럼 몸을 털었다. 아이들 웃음소리에 배부르다더니, 돼지들이 물에서 펄쩍펄쩍 뛰는 모습에 내 더위도 가시는 것 같았다. 워터 파크 개장!

급할수록
엉덩이부터 식힌다.

1부 공장과 농장 사이

13.
사랑의 스튜디오

야생 수퇘지는 무리 생활을 하지 않고 단독 생활을 한다. 암컷과 새끼 돼지들만 무리를 지어 생활한다. 이곳의 삼남매 돼지는 잠잘 때, 수영할 때를 빼고는 서로 살을 맞대지 않았다. 같이 살지만, 1돈 가구 생활. 배고픔과 '물*욕'이 해결된 뒤로 곧 흘레를 시작했다. 돼지는 생후 5, 6개월부터 성적으로 활성화된다. 암퇘지는 발정기가 시작되면 생식기와 다른 샘에서 수퇘지를 끄는 암내를 풍긴다. 백일 돼지들이 이곳에 온 지 2개월이 흘렀다. 그러니까 한창 활발할 나이였다. 사춘기 아이를 둔 부모의 마음이 이런 것일까.

짝짓기는 서로를 향한 미묘한 분위기가 흐르면서 시작되었다. 잠깐의 얼쩡거림과 집적거림의 시간을 보낸 후 수컷이 암컷의 등 위로 번쩍 올라탄다. 부끄러움은 내 몫이었다. 무슨 일인가 싶어 지켜보던 내가 되레 놀라기 일쑤였다. 암퇘지와 수퇘지끼리가 보통의 관례였다. 하지만 가끔은 수컷과 수컷도 교미를 했는데, 어린 수퇘지끼리 올라타기도 한단다. 물론 거사가 성사되지는 않고, 그저 올라타기만 할 뿐이다. 때로는 앞으로, 뒤로, 거꾸로 올라타기도 했다. 발정기가 끝나니 암퇘지가 수퇘지를 더이상 받아주지 않았고, 수퇘지도 강요하지 않았다. 남겨진 수퇘지끼리의 교미가 빈번해졌다. 덕분에 갈 곳 잃은 수퇘지의 성기를 볼 수 있었다. 수퇘지의 성기는 가는 꼬챙이처럼 생겼다. 20센티미터 길이에 새끼손가락 굵기 정도, 와인의 코르크 마개를 뽑는 따개처럼 나선형이다. 스크루처럼 뱅글뱅글 돌면서 나왔다. 암퇘지의 자궁경관도 스크루 모양으로 생겼단다.

돼지에게 교미는 감정의 영역이 아닌 호르몬의 영역 같아 보였다. 흘레는 "꿀, 꿀, 꿀" 스타카토의 짧고 조용한 소리를 내며 진행되었다. 흥분의 음역이라기보다는 탐구의 음역이랄까? 복잡한 성기 모양 탓에 결합에 애를 먹는 게 아닐까 짐작해본다. 위에 올라탄 돼지의 집중한 표정과 아래에 있는 돼지의 무심한 표정 속에 교미가 이루어진다. 마찰에 의한 인간의 사정과 다르게 돼지는 질 내에서 압박을 받으면 사정을 하게 된다.

목장에서 일하면서 소에게 인공수정을 하는 모습을 여러차례 보았다. 동물 수정을 전문으로 하는 수정사가 출장을 온다. 수정사에 의한 인공수정은 일종의 산업 같았는데, 자연 교미는 어쩐지 신비함마저 느껴졌다. 오묘한 분위기

형성부터 교미 종료까지 다 하면 10분 정도 될까? 속사정은 복잡하겠으나, 겉으로 보기에는 그저 올라타고만 있는 것 같았다. "꿀- 꿀-" 수퇘지는 평생 과업을 끝낸 듯 하얗게 타버렸다. 우와, 수퇘지 입에서 허연 거품도 나온다! 거사 후, 다른 쪽으로 (몇걸음 못) 걸어가 뻗어버린다. 풀썩. 입에 묻은 거품을 뚫고 깊은 한숨을 내뱉었다. 알고 보니 그 거품은 그냥 거품이 아니라 암컷을 유혹하는 페로몬이 든 거품이라고 한다. 이 와중에 실속 있다. 아, 그런데 새끼가 태어나면 어쩌지?

돼지의 임신 기간은 110일에서 124일 사이, 전통적으로는 3개월 3주 3일 후 출산하는 것으로 예상한다. 축산업계에서는 관리와 통제가 용이하도록 같은 조에 속한 암퇘지의 출산과 발정을 같은 날로 조정한다. 정확한 관리를 위해 호르몬제를 쓰는데, 임신 중지(출산 유도제)와 임신 유지(발정) 호르몬제다. 같은 날 수정해야 작업 효율성이 좋고, 낳는 날도 비슷해지기 때문이다. 직원이 쉬는(없는) 날에 새끼를 낳으면 관리가 안 되기 때문에 출산 날짜를 정하고 이틀 전에 출산 유도제를 주사한다. 인간에게도 영향을 끼칠 수 있어 임신 중인 가족이 있는 직원은 만지지 못하도록 한다.

나는 이처럼 생명을 경시하는 문화라면 같은 사회의 다른 구성원들에 대해서도 기본적으로 같은 시선을 던질 거라고 생각한다. 그들 외부의 다른 문화에 대해서는 말할 것도 없고 말이다.*

목장에서 씨수소를 따로 키우면 비용이 많이 든다. 그래서 수소에게서 정액을 채취해 캡슐을 만든다. 냉동 보관된 정액 캡슐은 고유의 특성, 산유량, 건강, 크기 등에 따라 선택된다. 암소의 발정기에 맞춰 인공수정 시술을 하는데, 암소의 출산율이 축사 수익률과 직결된 탓이다. 발정기를 놓치면 다음 발정기까지의 사료는 손실로 간주된다. 출산율이 떨어지는 암소는 도태된다. 암소를 제때 도태시키지 않으면 농가가 도태될 수 있다.

암소의 젖이 우리가 마시는 우유다. 포유류는 젖을 먹여 새끼를 기른다. 새끼를 낳지 않고도 젖이 나오는 동물은 없다. 우유가 나오려면 젖소도 새끼를 낳아야 한다. 젖소는 우유를 위해 평생 임신과 출산을 반복한다. 암송아지는 태어난 지 14개월쯤 되면 첫 임신을 하고, 10개월 후에 새끼를 낳는다. 이때부터 젖짜기가 시작된다(착유). 어미 소의 젖 양은 출산 직후에 많아지다가 점차 줄어든다. 송아지가 크는

---

* 조엘 샐러틴 『미친 농부의 순전한 기쁨』, 유영훈 옮김, 알에이치코리아 2012, 212면.

속도에 맞게 상승, 하강한다. 어미는 새끼를 낳고 4개월 뒤에 다시 임신한다. 젖이 줄어들 때쯤 다시 새끼가 태어나도록 시기를 맞추기 위해서다. 새끼를 낳자마자 나오는 젖이 초유다. 진하고 조금 붉다. 포유류의 젖은 어미의 혈액이라고도 할 수 있다. 피를 나누어주는 것이기 때문에 수유하는 동안 어미는 피로가 쌓이고 면역력이 저하된다.

젖소는 출산 1개월 전부터 젖짜기를 쉰다(건유). 건유 기간 동안 뱃속의 새끼와 산우産牛를 위해 영양을 비축한다. 새끼를 낳으면 다시 착유로 복귀한다. 다시 임신 후, 9개월 착유 뒤 한달 건유를 하고 출산을 한다. 갓 태어난 송아지는 젖어 있다. 어미 소는 새끼를 계속 핥는다. 천번쯤 핥으면 털이 뽀송뽀송해진다. 송아지는 후들거리는 다리로 스스로 선다. 어미젖에서 우유가 조금 새어 나오고, 송아지는 그 냄새를 따라간다. 아직 익숙하지 않은 다리는 따로 논다. 어미 소는 새끼 옆에 가만히 선다. 송아지는 수없이 넘어져가며 어미젖을 찾는다. 그러다가 드디어 젖을 만나면 힘차게 빨아먹는다. 네개의 젖꼭지는 서로 분리된 방으로 연결되어 있다. 송아지는 코로 눌러가면서, 네개 젖을 돌아가며 먹는다.

목장에서는 송아지가 태어나자마자 어미 소와 바로 분리한다. 초유도 따로 받아서 젖병으로 먹인다. 송아지 이빨에 어미 소의 젖꼭지가 다치지 않게 하기 위해서다. 젖꼭지 건강은 목장의 중요한 재산이다. 새끼를 잃은 어미 소는 며칠을 운다.

양돈 업계에서는 암퇘지가 1년에 2.5번 출산하는 것을 이상적인 분만으로 본다. 한번에 10여마리의 새끼를 낳고, 1년에 25마리를 낳지 못하면 도태된다. 모돈으로 선택된 암퇘지는 태어난 지 8개월쯤이 되었을 때 첫 임신을 한다. 이때부터 약 7, 8번 출산을 거듭하다가 새끼 수가 떨어지면 도태된다. 고기용 돼지보다는 조금 더 살지만 평생 임신과 분만을 반복한다. 그 과정에서 배란을 촉진하는 호르몬 주사를 맞아야 한다. 살아남은 돼지의 슬픔이랄까. 수퇘지라고 더 나은 생을 보내지는 않는다. 수퇘지는 태어난 지 일주일이 되기 전 고환을 적출당한다. 수컷 냄새(웅취)를 없애기 위해, 빠른 성장률을 위해서라고 한다. 마취 없는 외과수술의 고통에 새끼 돼지는 하루 이틀 밤을 먹지 못한단다.

소 한마리가 하루 동안 짜내는 우유는 평균 약 34킬로그램(연평균 산유일 305일에 총 산유량 1만 423킬로그램, 2020년 기준)이다. 약 600킬로그램 체중의 6퍼센트 정도를 매일 내보내는 것이다. 송아지가 필요로 하는 양 이상으로 우유가 나온다. 원래 소의 젖은 훨씬 적었지만, 더 많은 젖이 나오는 개체가 선택되어 육종되었다. 우유가 많이 나오는 또다른 이유는 소가 옥수수 사료를 먹기 때문이다. 하지만 얻는 게 있으면

1부 공장과 농장 사이

잃는 게 있는 것이 자연의 법칙. 필요 이상으로 젖을 만드는 소들의 건강이 좋을 리 없다. 소의 자연 수명은 30여년이다. 가축화된 소는 평균 7~8년을 살았지만, 최근에는 그마저도 3~4년으로 줄었다. 학계에서는 과도한 착유를 원인으로 지목한다.

소와 돼지의 생을 보고 있으면 씁쓸한 생각이 든다. 불과 30년 전만 해도 집집이 돼지 한두마리를 키웠다고 한다. 집에서 잡아먹는 자급의 용도는 아니었고, 새끼를 내서 가계경제에 보태는 부업이었다. 경제수단이었지만 한 울타리 안에 사는 식구이던 시절이다.

그때는 동네에 씨돼지를 키우는 이도 있었다. 연락을 하면 그 집에서 수돼지를 끌고 집으로 왔다고 한다. 10리 길을 밧줄로 매지도 않고 지팡이만으로 수돼지를 몰고 오는 풍경을 상상해본다. 세월이 흐름에 따라 경운기를 타고, 트럭을 타고 왔다. 이제는 냉동된 정자만 온다. 인공수정이 효율적이고 경제적이니까. 사랑이라거나 숭고한 행위는 아니라 해도 동물에게서 흘레를 빼앗은 인간의 잔인함에 대해 생각해보게 된다.

가축이 울타리 안에 살던 시절, 동물은 가족까지는 아니었을지라도 구성원으로서 존중을 받았다. 동물이라는 다른 구성원을 대할 때 천벌이라거나 인간의 도리 같은, 지켜야 하는 선이 있었다.

지금의 동물은 경제 논리 안에 있다. 이 논리에 맞춰 인간은 동물을 살이 빨리 찌거나, 알을 많이 낳거나, 젖이 많이 나오는 품종으로 개량한다. 기준에 맞지 않는 동물은 불량품이다. 꼬리와 송곳니, 뿔과 부리를 자르고 거세를 한다. 햇볕을 쬐거나 흙을 밟거나 기지개 한번 제대로 켜지 못하는 틀 안에서 산다. 동물은 인간에게 값싼 고기만 제공하면 되는 공산품일까? 살아 있는 기쁨을 누릴 필요가 없는 기계일까? 이것을 그저 동물권의 문제라고만 할 수 있을까?

2부

생명과 고기 사이

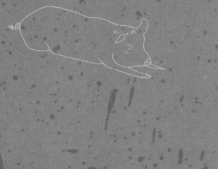

14.
눈을 마주쳐선 안 돼

돼지를 키우면서 매일 한두시간씩은 돼지 주변에 머물렀다. 돼지우리를 손보고 밥도 주려면 최소한 그 정도의 시간은 필요했다. 밖에 나와 있어도 돼지 생각뿐이었다. 돼지들을 보고 있으면 시간이 잘 갔다. 돼지가 무슨 생각을 하는지, 뭘 하고 있는지 궁금했다. 뽕나무, 환삼덩굴, 찔레나무 가지 같은 잡목과 잡초들, 밭을 정리하며 나온 부산물을 모두 돼지에게 주었다. 돼지들이 달려와 냄새를 맡고 씹어보았다. 이것에는 어떻게 반응할까? 호기심을 자극해보고 싶었다. 밭일을 하다가도 쉴 때는 돼지 옆으로 가서 쉬었다. 돼지들은 땅을 파고 목욕을 하고 낮잠을 자며 하루를 보냈다. 진흙에 드러누워 몸을 비비는 모습을 보면, 내 마음 어딘가의 응어리도 풀어지는 기분이 들었다. 해가 뉘엿뉘엿 저물면 집으로 갔다.

　송아지 눈은 정말 크다. 뽀송뽀송한 털이 눈을 더 돋보이게 한다. 돼지도 소에 못지않게 맑은 눈을 가졌다. 매일 돼지를 보았지만 돼지와 눈을 마주치고 싶지 않았다. 까맣고 촉촉한 눈! 사람 눈과 닮은 눈이 나를 또렷이 쳐다보고 있었다. 돼지의 눈은 흰자위가 작다. 정면에서 흰자위가 뚜렷하게 보이는 포유류는 인간뿐이란다. 인간은 다른 이가 어느 곳을 보고 있는지 알 수 있도록 진화했다고 한다.

돼지는 검은자위밖에 보이지 않아서인지 고대 그림 양식처럼 어느 곳에 서 있든 눈이 마주치는 기분이 든다. 그 눈과 마주치면 거울 뉴런들이 작동한다. 내 거울 신경은 돼지를 의인화한다. 돼지는 자아를 가진 동물이 되고, 내게 말을 거는 상대가 된다. 말이 통하고 이해 가능한 특별한 존재가 된다. 우리 이야기의 결말은 도축이다. 아직까지는 순조롭게 끝을 향해 가고 있다. 나는 너를 먹을 예정이다. 살인 대상과 친해지면 안 된다는 킬러의 수칙이랄까? 나는 울타리 너머에서 돼지의 눈을 몰래 훔쳐보곤 했다.

돼지를 잡는 날, 내 마음은 어떨까? 측은함이나 가책을 느낄까? 주저하게 될까? 혹시 눈물이 날까? 못 먹는 건 아닐까? 나는 돼지의 이름을 짓지 못했다. 아무 이름이나 갖다 붙여도 이름을 부르는 순간부터는 관계가 달라질 위험이 있다. 유일의 존재가 되고 애정을 갖게 될 것 같았다. 나는 돼지를 따로 부르지도, 대화를 나누지도 않았다. 나는 사육자다. 반려동물을 키우는 것이 아니라고 몇번이나 속으

2부 생명과 고기 사이

로 되뇌었다. 반려동물과 가축의 경계선을 걸었고, 세마리 돼지의 어린 모습을 보지 못한 것을 다행이라고 여겼다. 보살핌이 필요한 존재였다면 정을 주었을 것 같다.

의인화는 약한 마음의 발현일까, 감수성의 다른 이름일까. 내가 돼지를 보고 있으면 눈치 빠른 돼지도 나를 빤히 쳐다보았다. 흑돼지의 모든 부위가 거칠게 생겼지만 하필 눈은 착하게 생겼다. 퍼뜩 정신을 차린다. 오늘도 나는 돼지 옆에서 홀로 북과 장구를 쳤다. 우리는 거래 관계를 유지하고 있다. 먹이를 주고, 먹이를 먹는다. 보살펴주고, 잡아먹는다. 인간과 가축이 1만년 넘게 이어온 관계다. 사랑하는 것과 먹는 것의 차이는 무엇인지를 생각하며 집으로 향한다.

집돼지는 동물의 왕국에서 제일 영리한 동물에 속한다. 지식과 학습능력 판단에 적용하는 기준이 너무 많은 탓에 영리한 순서로 포유동물의 순위를 매기는 건 불가능한 일로 보이지만, 돼지는 과학자들이 그런 일을 시도하면 10위권 안에 드는 동물이다. 돼지를 능가하는 유일한 네발짐승은 코끼리 딱 한종뿐이다. 이건 당연히 돼지가 — 적어도 거기에 사용된 기준을 바탕으로 보면 — 인간의 제일 친한 친구인 개보다 영리하다는 뜻이다.*

노예 생활과 다를 게 뭐란 말인가. 매일 일정한 시간을 매어 있어야 한다는 건 그런 느낌이었다. 내가 돼지를 키우는 건지, 돼지가 나를 키우는 건지 헷갈리곤 했다. 밥 얻어 오기, 똥 치우기, 물 떠 오기. 요구사항은 간단하지만 꾸준히 하기는 쉽지 않았다. '장난감 좀 가져오너라' '오늘은 밥이 조금 늦은 것 같구나' 같은 말이 들리는 듯했다.

자급이라는 말은 참 멋지지. 사료 없이 길러보겠다고 먹잇감을 구하러 이곳저곳을 돌아다녔다. 돼지들을 두고 어디 멀리 가지도 못했다. 몸종처럼 살면서도 내 나름의 품위를 유지할 수 있었던 이유는, 돼지들이 기뻐하는 모습을 볼 수 있던 덕분이었다. 돼지들이 느끼는 기쁨은 말하지 않아도 알 수 있었다. 돼지들이 발산하는 생명력을 보는 일에는 이루 말할 수 없는 가치가 있었다. 도낏자루가 썩는 줄 모르고 쳐다보았다. 좌고우면하고 우왕좌왕하는 나를 돼지들은 늘 격려해주었다. "꿀꿀(오냐오냐)."

만약 고기 섭취가 필수가 아니라 선택의 문제라면? 고기가 필수식품이 아니라 그저 기호식품이라면? 미국의 경제학자이자 비평가인 제러미 리프킨$^{Jeremy Rifkin}$은 육식은 인류가 극복해야 할 문화라고 했다. 채식으로도 충분히 건강하

• 리처드 루트위치, 앞의 책 106면.

게 살 수 있다는 연구 결과도 꾸준히 나오고 있다. 정신을 수양하는 이들만이 아니라 운동선수들 역시 더 좋은 성적을 위해 채식을 선택하기도 한다. 그럼에도 고기를 먹어야 한다면, 도축에는 어떤 명분이 있어야 하지 않을까. 돼지를 잡기 위한 명분이 필요했다.

고기를 먹어야 한다면 본성을 존중받으며 자란 동물을 귀하게 먹는 것이 최소한의 윤리라고 느껴졌다. 하지만 '키워주었으니 먹혀라'라는 관계는 정의로운가. 유전자의 관점으로 본다면 식용동물은 지구상에서 가장 번성한 종으로 추정된다. 경제동물이 늘어나는 만큼 야생동물 수는 극적으로 줄었다. 지구상의 동물 총량으로 보면 인간과 가축이 97퍼센트를 차지한다. 다르게 보면 돼지의 유전자가 인류를 이용해 번성했다고 할 수도 있다. 야생동물은 3퍼센트로 쪼그라들었다. 심지어 8억 인류가 굶어도 선진국 사람들의 식생활을 위한 동물들은 살찐다. 하지만 유전자의 관점으로만 이 관계를 문제없다고 말할 수 있을까?

시간은 늘 예상보다 빠르게 흘러간다. 생각을 정리하지 못한 채 돼지를 잡을 날이 다가왔다. 여름이 되기 전에 첫번째 돼지를 잡기로 했다.

15.
고사에는 머리를

6월, 농사의 반이라 불리는 모내기가 끝났다. 요즘은 기계가 벼를 심는 덕에 모내기 자체가 농사에서 큰 비중을 차지하지는 않는다. 다만 다양한 작물의 모종이 심기는 때인지라 모내기는 여전히 시기적인 상징성을 갖고 있다.

하루 쉬면 겨울에 열흘 굶는다는 시기였다. 거사를 끝내고 사람들은 한숨을 돌렸다. 여름이 시작되고 있었다. 그즈음 마을 입구에 정자가 지어졌다. 흰칠한 팔각지붕을 얹은, 바람 솔솔 부는 쉼터였다. 새 정자는 곧 오래된 정자를 밀어내고 마을의 사랑방이 되었다. 마루가 높아 마을 논들이 훤히 내려다보였다. 오가는 사람들과 장에서 돌아오는 버스가 머물다 갔다. 할머니들에게 마을회관을 빼앗긴 할아버지들의 피난처가 되었다. 해 뜨면 일을 시작해 해 지면 들어가는 때였지만 한낮이면 사람들은 이곳에 모였다. 주거니 받거니 낮술이 오가고 화투패가 섞이던 중이었다. 새 건물이 생겼으니 고사를 지내야 한다는 결정이 내려졌다.

고령화로 노인 인구가 많아진 마을에서는 노인회의 힘이 막강하다. 어쩐지 이장은 심부름꾼에 가까웠다. 이장 L은 젊을 때 도시로 나갔다가 결혼하면서 다시 고향으로 돌아왔다. 평생을 마을 대소사와 함께해온 농부였다.

이장 L은 동네에 무슨 일이 있다 싶으면 군의원은 물론 도의원에게도 거침없이 전화를 걸었다. 마을회관 창호 교체도, 태양광 발전 시설 설치도, 방범용 CCTV 설치도 모두 전화 통화로 성사되었다. 이장 L의 힘은 전화기에서 나왔다. 이미 있던 정자 옆에 새로운 정자가 지어진 것도 그 전화의 힘이었다.

빠른 일 처리는 이장 L의 시그니처다. 마을 반장들에게 소식지를 돌리라고 하고는 바로 다음 날 전화를 걸어 결과를 물어왔다. 공교롭게도 그의 차량 번호도 8181(빠른 일 처리). 8181은 언제나 면사무소 아니면 농협 앞에 서 있었다. 하지만 이 거침없는 행정가에게도 인간적인 면모가 있었으니, 그는 말을 할 때마다 하필 목이 메고 심장이 빨리 뛰었다. 얼굴이 빨개지고 문장과 문장 사이에 헛기침이 나왔다.

"험험, 그게 말이여."

그러니까 헛기침은 가슴속 말을 길어 올리는 펌프질 같은 것이었다. 가끔 녹슨 펌프가 말을 길어내지 못할 때도 있는데, 그럴 때는 미소가 배어났다. 이장을 수행하는 마을 반장으로서 감히 의중을 살펴보자면 그렇다는 것이다. 고사를 논의하는 오늘 회의에서도 그의 입술은 달싹이지만, 말은 끝내 목구멍 고개를 넘지 못했다.

2019년 가을, '아프리카돼지열병'African swine fever, ASF이 돌았다. 치사율 100퍼센트에 가까운 돼지 전염병이다. 우리 동네에는 돼지를 키우는 농가가 있다. 우리 돼지들이 혹시나 전염병을 옮기는 매개가 될 수 있다고 생각했다. '진짜' 돼지를 키우고 있는 이웃으로부터 돼지들을 빨리 없애라는 압박을 받기도 했다.

"너 걸리면 동네에서 쫓겨나."

내가 범죄를 저지르고 있는 것처럼 말했지만 그들을 이해할 수 있었다. 생계는 진지한 일이니까.

이 시기에 전국에서 돼지 15만마리가 살처분되었다. 전파 매개로 지목된 멧돼지도 2만마리 이상 죽어야 했다. 야생동물과의 접촉 가능성 때문에 방목이 금지되었다. 방역 상황이 어찌나 엄혹히 돌아가는지, 산골에 숨어든 간첩이 된 듯한 기분이 들었다. 우리의 방목 생활이 곧 '발각'될 것 같아 불안했다. 이장 L을 찾아갔다. 제 발이 저린 나는 마을에 폐를 끼치는 게 아닌가 싶다며 돼지를 빨리 처리하겠다고 했다. 이장 L의 답은 싱거웠다.

"괜찮아. 더 키워, 험험." 그저 한마디 말이었지만, 그 말은 당시 큰 위로가 되었다.

다시 정자 마루로 돌아와서, 새 정자를 기념하는 고사를 어떻게 지낼 것인지에 대한 회의가 끝났다. 누가 어느 날 어느 시에 무엇을 갖고 모일지 정해졌다. 사람들이 흩어지는 와중에 나는 8181에 올라타는 이장 L을 쫓아갔다.

"돼지머리, 제가 내겠습니다."

고사상에는 돼지머리가 올라간다. 마침 돼지 한마리를 잡기로 했던 터이다. 돼지들이 온 지 두달 남짓 된 때였다. 돼지머리를 마을 고사상에 올리고 싶었다.

"동네에서 자란 돼지로 제사 지내면 신령님도 좋아하지 않을까요?"

"그려? 흐음, 예쁘게 삶을 수 있겠어?"

이장 L은 얼굴이 벌게지며 웃었다. '예쁘게'는 웃는 얼굴을 말한다. 돼지머리 손질이 어려운 일일 거라고 생각해보지 않았다. 삶기만 하면 되는 줄 알았는데, '예쁘게'라고 하니 특별한 방법이 있는 것 같다. 부녀회장님이라면 알지 않을까, 갸웃거리며 그러마고 말했다.

"부녀회장님이랑 얘기해볼게요."

돼지를 잡고 나서 새롭게 알게 된 사실 중 하나는 돼지의 입은 튀어나온 주둥이만큼 길다는 것이었다. 입꼬리가 귀를 향해 살짝 올라가 있다. 먹고 죽은 귀신 때깔이 좋기 때문일까? 먹는 걸 좋아했던 돼지의 입은 귀에 걸린 것처럼 보였다. 태어나기를 웃는 상으로 태어났는데, 키울 때는 그걸 잘 몰랐다.

"돼지머리(삶기)는 대가 끊겨서 할 줄 아는 사람이 없어." 부녀회 총무님이 말했다. 동지, 대보름, 명절, 복날 등등 온갖 마을 행사에서 부녀회의 활약을 보며 부녀회를 신봉하고 있었다. 그랬는데 '대가 끊겼다'라니… 그냥 삶으면 될 것 같았는데, 대가 끊겼다는 말까지 들으니 더 어려운 기술처럼 느껴졌다. '돼지머리 예쁘게 삶기'는 무형문화재 기술 같은 걸까 싶기도 하고, 그제야 제사에 쓸 돼지머리를 아무렇게나 삶지 않았을 것이라는 생각이 들었다. 자칫 신령님의 노여움을 사서 저주라도 내려지면… 험험.

'가만있을걸, 나는 왜 나서가지고.' 집에 돌아와 돼지 밥을 챙겨주면서 구시렁거리는 반성의 시간을 보내고 있었다. 그때! 멀리서 흙먼지가 일었다. 이 외진 곳에 누가 오는 걸까? 전동 휠체어 한대가 흙길을 뚫고 다가오고 있었다.

"위이이잉-"(전동 휠체어는 꽤 느리다.)

뒷집 할머니였다. 동네의 온갖 잔치를 치러내신 장인 중의 장인이다. 마을 잔치 무형문화재, 일명 '마무문'인 뒷집 할머니는 예전에 내가 땅을 구한다는 소문을 듣고 나를 불러 혼자만 알고 있는 좋은 터를 소개해주신 적도 있다. 작고 조용한 곳이었다. 아니, 제게 왜 이런 고급 정보를 주시는 건가요. 이런 친절은 보이스 피싱 이후 처음이에요.

"나도 땅 없이 살아봐서 그려. 자네가 우리 동네 살면 좋잖여."

비록 거래 성사까지 이어지지는 않았지만, 마무문은 그런 정이 있는 분이다. 지금은 일선에서 물러난 마무문께서 이리 외진 곳까진 어쩐 일로 오셨을까. "위이이이잉-"(전동 휠체어는 아직 오는 중이다.)

"저기, 그 돼지머리 말이여. 내가 삶아줄게."

마무문은 내가 돼지머리 문제로 난처해한다는 소식을 듣고 달려오신 것이다. 마음 안쪽에 따뜻한 물결이 넘실거렸다. 머리를 낸다는데 삶는 건 다른 사람이 해야 하지 않겠느냐고 말씀하시는데 그만 코끝이 조금 시큰해졌다.

"아니에요, 방법만 알려주시면 제가 할게요."

"아녀, 머리가 통째로 들어갈 솥도 있어야 되잖여. 손질만 해서 가져와."

돼지를 언제 잡을 건지 물으시고는 머리를 어떻게 가져오면 되는지도 알려주셨다. 마무문은 전동 휠체어에서 내려 꼬부라진 허리를 펴며 돼지우리로 가서 벽 너머의 돼지를 보았다.

"와따메, 꽤 크네."

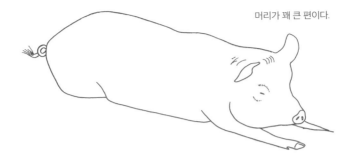

머리가 꽤 큰 편이다.

    가축을 잡는 건 쉬운 일이 아니다. 더군다나 돼지 같은 덩치 큰 동물 도축은 혼자 할 수 있는 일이 아니었다. 마을 어르신들도 돼지 잡기는 여럿이 모여서 1년에 한두차례 큰 행사를 앞두고나 하는 일이었다. 나도 세마리를 한번에 잡을 수는 없었다. 시차를 두고 한마리씩 차례대로 잡기로 했다. 첫 순서가 생각보다 일찍 왔다.

2부 생명과 고기 사이

16.
포박

도축 하루 전, 돼지를 미리 묶어두기로 했다. 죽을 때 받는 고통을 최소한으로 줄여주고 싶었는데, 문제가 있었다. 돼지들의 덩치가 너무 컸다. 그전에 경험했던 어떤 돼지보다 컸다. 크기도 크기인데 야생의 전투력까지 느껴졌다. 큰 돼지를 한번에 기절시킬 수 있을 것 같지 않았다. 잡는 날 묶으려 한다면 흥분할 것이 분명하다. 관계가 안정화되면서 잊고 지냈던, 돼지를 데려오던 날의 괴력이 문득 떠올랐다.

내가 준비한 방법은 망치로 돼지를 기절시키는 것이었다. 흥분한 돼지 정수리를 정확히 때리는 건 어려운 기술이다. 아니, 애초 흥분시키지 않는 게 진짜 기술이겠지. 기절이 늦어질수록 돼지의 고통은 커진다. 따라서 미리 줄을 매어 하룻밤을 두면 진정되지 않을까 하는 생각이었다. 묶는 순간은 흥분하겠지만, 시간이 지나면 돼지도 익숙해질 것이다. 그리고 기절시킨다.

돼지나 인간이나 통각으로 느끼는 고통은 같다고 한다.

눈 주변으로
동그라미 눈썹이 난
암퇘지.

하지만 돼지는 인간처럼 상상에 의한 고통은 느끼지 못한
다. 죽음을 미리 생각한다거나 죽음에 대한 걱정으로 인한
고통은 없다고 한다. 그 말인즉슨, 빠르게 기절시키면 최소
한의 고통으로 보내줄 수 있다는 뜻 아닌가. 그렇다고 움직
이지 못할 정도의 포박이 아니라 이동 범위를 제한하는 정
도로만 묶기로 했다.

　여기까지는 좋았다. 하지만 고양이 목에 누가 방울을 달
것인가. 돼지 몸에 밧줄은 어떻게 묶어야 하나. 전화 한통이
면 람보 Y가 달려오겠으나, 이 일은 내가 해야 했다. 여러 방
법을 떠올려보았다. 작전 1은 덫을 놓는 방법이었다. 매듭을
바닥에 놓고 돼지가 그 매듭 속으로 들어오길 기다렸다. 만
화 같은 장면을 상상한 것 같다. 하지만 매듭을 놓는 순간
깨달았다. 말도 안 되는 방법이라는 것을. 돼지는 덫을 거들
떠보지도 않았다.

2부 생명과 고기 사이

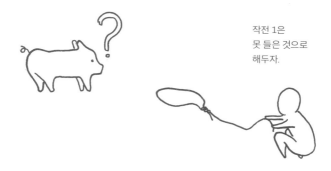

작전 1은
못 들은 것으로
해두자.

돼지에게 외면당했다고 생각하자 오기가 발동했다. 돼지 발을 잡고 직접 줄을 묶고 싶은 마음이 들끓었다. 하지만 무서웠다. 우리가 만난 지 몇개월이나 지났지만 발을 잡을 정도로 가까운 사이는 아니었다. 게다가 발을 잡았을 때 돼지가 어떻게 나올지 알 수 없었다.

도축 안내서에는 '귀를 잡아당기면' 돼지를 제압할 수 있다고 쓰여 있었다. 쌈 배추 한장 크기의 귀를 보았다. 돼지의 귀는 속세에 관심 없다는 듯 평화롭게 흐느적거렸다. 저 퍼덕이는 귀를 잡아 땅으로 끌어 내리면 고꾸라진단 말이렷다. 책을 덮고 잠들기 전 머릿속으로 여러번 시뮬레이션을 했다. 오늘이 오기까지 매일 밤 상상 훈련을 하다가 잠이 들었다. 귀를 비틀어 땅으로 당긴

돼지 귀.

다. 제압 성공. 귀를 잡고 땅으로… 잡아서 땅으로… 초등학생 시절 내 귀를 잡아당긴 선생님 꿈을 꾸었다.

상상 속 계획은 완벽했다. 하지만 막상 실전에 임하려니 나의 충복 오른손이가 선뜻 나서지 않았다. '우리 돼지들… 멧돼지 후예라고 하지 않았나? 저런 애들은 눈치가 빨라서 닿기도 전에 고개를 돌려 나를 낚아챌 거야.' 겁먹은 오른손이를 팔이 등 떠민다. '이 자리까지 어떻게 왔는데, 여기서 결딴날 수는 없잖아.' 오른손이 돼지 귀에 살짝 닿았다. 톡. 돼지의 반응이 없다. '그래, 우리 사이에 귀 정도는 잡을 수 있잖아.'

용기를 내어 살짝 쥐어본다. 마른오징어 같을 줄 알았는데, 삶은 양배추처럼 보드라웠다. 우리의 첫 스킨십이었다. 거친 것만 같은 너에게도 이런 보드라움이 있다니! 신기함과 흐뭇함을 느끼는 찰나 돼지가 눈을 치켜떴다. '에이, 깜짝이야.' 그저 곁눈질일 뿐인데 놀란 가슴이 탈출 명령을 내렸다. 하지만 미처 비상 연락을 받지 못한 오른손이가 귀를 놓지 못했다. 얼결에 돼지 귀가 끌려온다.

"꿰엑!"

작금의 상황이 어이없는지 돼지가 소리를 질렀다. 바로 옆에서 들으니 고막이 찢어질 것 같았다. 돼지 비명은 최고 110데시벨까지 올라간다는데, 이는 비행기 소음에 버금가는 크기다. 돼지는 그렇게 비명을 지르면서도 내 손을 뿌리치지는 않았다. 그렇다면 용기를 내어 조금만 더 당겨본다 (오른손이야 조금만 더 참아!).

"꾸웨엑-"

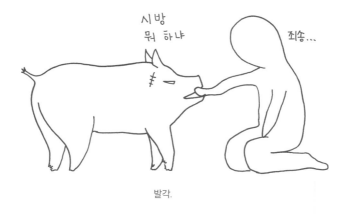

발각.

비명은 커졌으나 돼지는 더 꼿꼿이 섰다. 이제 귀를 비틀어 땅으로 내리꽂으면… 꽂으면… 힘을 줘보지만 돼지가 꿈쩍도 하지 않았다. 저기요? 책에는 '넘어간다'라고 쓰여 있거든요? 돼지에게 책이라도 보여주어야 하나. 혹시, 지금 놀라 자빠진 것을 넘어간 거라고 하는 건가? 그래, 비유인 것 같다. 돼지가 가만히 있긴 하니까.

대충 다음 단계로 넘어가면 될 것 같았다. 아차, 자빠진 걸 넘어갔다손 치더라도 돼지를 묶을 손이 없었다. 오른손이는 귀를 잡느라 바빴다. 왼손이는… 왼손이는 혼자서 줄을 묶을 줄 몰랐다. 이거 낭패다. '그러니까 평소에 연습 좀 해두라니까. 언제까지 남의 줄이나 잡아주면서 살려고 그러냐.' 오른손이가 왼손이를 질책했다. 지금까지 가만있던 왼손이도 더이상 참지 않았다. '잘난 네놈 뒷바라지에 그럴 시간이 없었다, 이놈아.' 오른손이와 왼손이가 옥신각신하는 와중에 이상한 기운이 느껴졌다. 아차, 너무 내 일에만 집중하느라 뒤를 방심했다. 다른 돼지들의 동태를 살폈다. 다른 돼지들은 내게 무관심했다.

휴, 귀는 잠시 내버려두기로 하고 벽에 걸어두었던 코걸이를 가져왔다. 철컥철컥. 비장하게 작동 상태를 확인했다. 한 발짝 떨어져 지켜보기만 했지 실전은 처음이었다. 람보 Y를 떠올리며 그의 기운에 접속한 채 성큼성큼 돼지에게 돌아갔다. 단번에 귀를 잡았다. "뀌엑!" 돼지가 소리를 지르는 순간 돼지 입에 코걸이를 넣었다. 돼지의 입이 걸린 상태로 코걸이를 벽에 걸었다. 이제 두 손이 자유롭다. 진즉 이렇게 할걸.

돼지를 묶는 일은 생각보다 쉽지 않았다. 처음에는 목을 묶었는데 돼지는 목에 묶인 줄을 티셔츠를 벗듯 손쉽게 벗어버렸다. 목에서 코까지 줄이 걸리는 곳이 없었다. 그렇다고 너무 세게 묶으면 목을 조를 것 같았다. 그래서 다음 타자는 몸통. 겨드랑이 밑으로 가슴에 묶어보았다. 하지만 몸줄은 돼지의 힘을 당해내지 못했다. 돼지는 네 다리가 땅에 붙어 있으면 모든 힘을 쓸 수 있다. 앞으로 밀고 가면 줄이 쑥 빠졌다. 이곳저곳을 묶고 실패하길 여러번. 결국 다리에서 성공했다. 발가락 위의 살짝 오목한 부분, 사람으로 치면 발

돼지의 앞발.

목 같은 곳을 묶었다. 뒷발은 빠졌지만, 앞발은 빠지지 않았다. 오른쪽 앞발 하나만 묶어두었다.

돼지를 잡기로 결정하기 전부터 세마리 중 누구를 먼저 잡아야 할까 고민했다. 내게 불안감을 주는 덩치 큰 대장 돼지가 1순위였다. 돼지우리 안에 들어가면 내 뒤를 따라오던 대장. 거친 숨소리와 입에 문 거품. 덩치 큰 동물이 나를 주시하고 있었다. 빳빳하게 세운 등 털은 내 등 털도 서늘하게 만들었다. 이제는 나를 밥 주는 사람으로 인정했는지 공격 의지는 시들했다. 하지만 여전히 뒤가 걱정이었다. 대장은 다른 돼지들 귀를 물거나 밥그릇을 독차지하는 깡패이기도 했다. 그렇지만 괘씸한 감정으로만 선택할 수는 없었다.

현실적인 문제가 있었다. 돼지들이 짝짓기를 했는데, 만약 암퇘지가 새끼라도 낳으면 정말 곤란해진다. 새끼를 받

아 돼지 키우기를 계속 이어가는 건 어려웠다. 한번에 열마리씩 새끼를 낳는 속도를 감당할 자신이 없었다. 법정 시설을 갖춰야 하는 건 물론이고, 같은 형제끼리의 교배는 열성 유전을 낳는다. 그런 이유로 암퇘지를 가장 먼저 잡기로 했지만, 암퇘지에게 미안했다. 암퇘지는 덩치가 작아 다른 돼지들에게 치이느라 매번 다른 형제들이 먹고 남은 밥을 먹었다. 워터 파크도 다른 돼지들이 실컷 논 후에 즐겨야 했다.

암퇘지가 제일 작다고는 했지만 나보다 컸다. 돼지를 잡을 날을 정한 이후로, 아니, 사실은 돼지를 데려오던 날부터 돼지 잡는 일은 큰 부담이었다. 한숨이 절로 나오고 머릿속은 엉망진창이 되었다. 몇번이고 돼지 잡는 날을 상상했다.

암퇘지에게 마지막 식사로 요구르트를 줬다. 하얀 요구르트는 돼지들이 가장 좋아하는 밥이다. 옆에서 암퇘지의 마지막 식사를 끝까지 지켜보았다.

17.
망치를 들고서

머리는 이미 깨어 있었다. 알람이 울리자마자 눈을 떴다. 누운 상태 그대로 발가락과 손가락을 꼼지락거리면서 몸을 점검해본다. 아픈 곳은 없었다. 핸드폰을 들어 시간을 확인했다. 새벽 5시. 간밤에 무슨 일이 벌어지지는 않았나, 피치 못할 사정으로 돼지 잡는 날이 연기되었기를 잠깐 소망해본다. 애석하게도 너무 순조로운 날이었다. 돼지를 잡아야 한다. 나를 잡는 심정이었다. 작업복을 입고 장화를 신고 돼지우리에 갔다. 잠이 덜 깬 새벽에 신비로운 기운이 감돌았다.

초여름의 이슬은 고요하다. 갈피를 정하지 못한 이슬은 안개가 되었다. 앞길이 보이지 않았다. 풀을 헤치는 장화가 젖었다. 작업을 도와주기로 한 다른 이들은 아직 오지 않았다. 벽에 붙어 서서 돼지들을 바라보았다. 이렇게 이른 시간에 돼지우리에 온 건 처음이다. 돼지들도 놀란 것 같았다. 어리둥절해서는 밥을 달라고 보채지도 않는다. 암퇘지를 묶어둔 밧줄은 다행히 풀리지 않았다. 돼지는 얌전히 밧줄을 감고 있었다. 하얀 안개 속 검은 돼지들은 마치 신선 같았다. 신선들이 더위가 시작되기 전의 시간을 즐기고 있었다.

사람들이 오기 전에 준비를 시작했다. 벽을 넘어 우리로 들어갔다. 우선 다른 두마리를 분리해야 했다. 밥을 미끼로 컨테이너 안으로 끌고 들어갔다. 암퇘지도 따라 들어가려고 해서 얼른 문을 닫았다. 철컹. 들어간 돼지도 밖에 있는 돼지도 어리둥절하다. 문을 사이에 두고 무슨 일인지 대화를 나눈다. "꿀꿀." 별것 없다는 걸 깨달은 두 돼지는 곧 밥에 집중하고, 별수 없다는 걸 깨달은 암퇘지는 원래 있던 곳으로 돌아갔다.

미리 준비해둔 쇠망치를 들어보았다. 무겁고 차가웠다. 돼지 앞에 섰다. 몸에 피가 빠르게 돌지만 머리로 가는 피가 부족한 느낌이 들었다. 오늘 우리는 이별이다. 데려오던 날부터 부담되었던 일을 곧 시작해야 한다. 주변 누구도 내가 직접 잡아야 한다고 말하지 않았다. 그러나 내가 데려왔고, 내가 시작한 일이다. 마무리할 책임 역시 내게 있다. 그렇다고 꼭 내 손을 통해 마무리될 필요는 없었다. 다른 이에게 부탁할 수도 있고, 도축장에 데려갈 수도 있다.

'도축장으로 데려가는 것이 깔끔하지 않을까?'라고 생각하기도 했다. 그곳에서는 전살법電殺法이라고 해서, 전기를 사용해 돼지를 기절시킨 후 30분이면 한마리를 해체한다. 도축장에서는 대량의 동물을 효율적으로 처리할 수 있다. 군대 전역을 앞두었을 무렵, 군 복무자에게 해외 취업처를 알선하는 안내가 왔다. 호주는 단골 국가였고, 몇년 일하면 영주권도 가질 수 있다고 했다. 일 잘하는 한국 군인을 좋아한다는 희망 섞인 소문도 돌았다. 빈번한 업종은 식육 가공, 즉 도축장이었다. 경력 무관임에도 꽤 높은 임금을 준다고 써 있었다. 외국 생활을 막연히 동경했던 그때 호주행을 선택했다면 어땠을까.

캡틴 H가 왔다. 돼지를 데려오던 날과 같은 방진복을 입고 있었다. 이제 시작이다. 망치를 쥔 손에 힘을 준다. 돼지가 방심하는 순간 내려쳐야 한다. 한번에 기절시키지 못하면 낭패다. 돼지는 아직 아무것도 모르는 것 같았다. 망치를 치켜들자 심장이 빠르게 뛰었다. 심호흡을 했다. 들숨은 길고, 날숨은 짧게. 목표는 이마 위. 정수리를 정확하게 내려칠 수 있는 때를 기다렸다. 아직, 아니, 아직이다. 돼지의 움직임을 하나하나 미세하게 따라간다. 지금이다. 호흡을 멈춘다.

그런데 팔이 움직이지 않았다. '내려쳐'라는 세글자만 머릿속을 떠돌았다. 돼지는 그사이 자리를 옮겼다. 긴장을 풀기 위해 자세를 가다듬어본다. 참았던 숨을 내뱉고 망치를 허공에 휘둘러본다. 다시 때를 기다린다. 그러나 나는 그대로 천천히 굳어버렸다. 눈은 끔뻑이지만 신경이 끊어진 듯

몸이 말을 듣지 않았다. 아니, 애초에 내려칠 마음이 없었는지도 모르겠다. 함께한 시간이 떠올랐다거나 추억 같은 상념에 젖은 건 아니었다. 내 몸의 저항을 주도하는 정체는 살아 있는 생명을 망치로 내려친다는 것, 생명을 해치는 행위에 대한 거북함이었다. 내려칠 수가 없었다. 돼지도 생각이 있고, 피가 흐르고, 숨을 쉰다는 그 동질감이 거부감이 되어 나를 압도했다. 그대로 나는 소금 기둥이 되었다. 몸은 통제되지 않았고, 숨 쉬는 법을 잊은 듯 한참을 숨을 멈춘 채였다.

돼지를 잡아야 한다는 부담에 뒤척이던 밤이면 동네 아저씨에게 부탁드릴까 싶기도 했다. 마을 행사에서 돼지를 잡던 아저씨의 모습에는 조금의 어려움도 없어 보였다. 아저씨도 언제든 연락하라고 했다. 막막한 때 나타난 한줄기 탈출 안내등이었다. 결전의 날이 다가옴에 따라 나는 문득문득 그 불빛 아래서 망설였다. 거의 '통화' 버튼을 누르기 직전이었다.

그럼에도 나를 돼지 앞으로 데려다놓은 것은 어떤 예의였다. 돼지를 취할 사람으로서 직접 잡아야 한다는 일종의 책임감. 돼지를 마주할수록 그 마음이 커졌다. 잡아먹는 게 배신이 아니고 남의 손을 빌리는 게 배신 같았다. 남이 죽인다고 생명을 죽이는 일이 없던 일이 되는 게 아니다. 책임의

2부 생명과 고기 사이

총량은 변하지 않는다. 목숨의 무게가 어느 정도인지 알아야 했다. 남의 살을 먹는 일, 생명을 얻는 일은 쉽지 않다. 그동안 나는 너무 쉽게 살았다.

"이리 줘. 내가 할게."

지켜보던 캡틴 H가 말했다. 그 말이 들리자 나는 가슴의 무언가가 탁 끊어진 듯 긴 숨을 토했다. 결국 나는 해내지 못했다. 캡틴 H가 돼지 옆에 섰다. 돼지는 갈라진 비명을 질렀다. 소리의 파동이 몸과 피부, 뇌 전체를 울렸다. 줄을 잡은 내 몸에 힘이 들어갔다. 혼이 나가고 팔 근육이 오그라들었다. 진땀이 나고 긴장한 팔이 뻣뻣해졌다. 다리를 묶은 줄을 더 단단히 잡았다. 빨리 가도록 도와주는 것이 내가 해줄 수 있는 최선이었다. 비명은 점점 작고 약해졌다. 돼지의 코에서 피가 흘렀다. 돼지도, 캡틴 H도, 나도 그제야 숨을 골랐다.

나중에 다큐멘터리를 통해 알게 되었지만, 호주에서도 도축장 일은 기피 직업이었다. 이주민이나 사회적으로 하층에 있는 사람들의 일자리다. 우리나라와 마찬가지로 보이지 않는 곳에서, 보이지 않는 사람들이 하는, 보이지 않는 일이다. 분업화는 최소한의 인력으로 높은 효율을 이룩했다. 다르게 말하면, 생명을 죽이는 일의 고속화였다. 시간의 압박과 연속되는 살생, 위험한 노동환경은 노동자를 무감각하게 만들었다. '누구도 보지 않는다'라는 생각은 노동자를 또

다른 짐승으로 만들었다. 도축장은 살려는 동물과 죽이려는 동물로 가득 차 있었다.

윤리적 도축이라는 말이 있다. 도축에 '윤리'라는 말을 붙여도 되는지 묻고 싶었다. 윤리적으로 죽인다니, 대체 무슨 말이지? 개똥밭에 굴러도 이승이 좋다는데, 죽는 마당에 예의가 무슨 소용인가. '동물복지'도 결국 사람 중심의 생색은 아닐까? 양심의 가책을 덜기 위한 자기위안 말이다. 그렇다고 산업식이 아닌 방법으로, 예컨대 망치로 돼지를 잡는다고 죄책감이 들지 않는 게 아니었다. 성스러운 행위도 아니며, 천사들이 내려와 죄를 사해주지도 않았다. 다만 분명한 건, 책임을 온전히 느낄 수 있었다는 것이다.

측정할 수는 없지만, 생명을 거두는 데에는 어떤 책임이 있는 것 같다. 그렇다면 도축장에 맡겨둔 우리의 책임은 어디로 가는 걸까? 그 책임은 외면하면 그만인 책임인 걸까? 하루 평균 7만마리씩 도축되는 돼지의 넋은 누가 위로해줄까? 효율화라는 이름으로 쪼개지고 흩어진 우리의 책임이 어디로 가는 건지 생각해본다.

공장식 축산은 소비자들이 불편하게 여기는 사육과 도살을 '대행'해주는 시스템이다. 공장식 축산은 소비자들이 불편한 감정을 경험할 기회를 차단한다. 축산기업은 구매자가 조금이라도 불편할까봐 동물의 사체에 웃는 소, 행복한 닭의 이미지를 붙여 전시한다. 불편함은 휘발된다. 소비자는 불편함으로부터 '보호'된다. 편한 소비가 가능해진다. 보이지 않기에, 내 손으로 죽이지 않았기에, 마음 편하게 육식을 즐길 수 있게 된다. 고기를 더 싸게, 더 많이 소비하는 것이 미덕이 되는 사회에서 육식에 불편함을 느끼는 사람은 도리어 불편한 존재가 된다.*

---

* 황윤 『사랑할까, 먹을까』, 휴 2018, 284면.

18.
탕박과 발골

돼지를 잡고 나자 다른 이들이 속속 도착했다. 돼지가 기절했다는 사실을 확인한 다음, 다른 생각은 접고 해야 하는 일에 집중하기로 했다. 여러명이 함께 돼지를 거꾸로 매달아 줄을 트랙터에 걸고 들어 올렸다. 머리를 아래로 향하게 한 후, 목에 있는 경동맥을 찌르자 주르륵 피가 흘러나왔다. 피를 빼내는 걸 방혈放血이라고 한다. 몸에 피가 남아 있으면 고기가 더 빨리 썩는다.

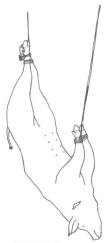

거꾸로 매달아
피를 뺀다.

피가 빠지는 동안 한숨을 돌렸다. 수돗가로 가서 진땀을 닦았다. 일은 이제 시작인데 벌써 몇시간은 지난 것 같았다. 몇주 전부터 미리 정리해둔 순서를 점검했다. 누가 무엇을 맡을지 정해두었다. 해체와 정육, 염지鹽漬와 저장의 과정을 다시 확인했다. 물 한모금을 마시고 돼지에게 돌아가는 길.

"끄악!" 갑자기 사람들이 비명을 지르며 도망갔다.

저쪽에서 피범벅이 된 개가 우리를 향해 뛰어왔다. 지옥문을 수호하는 개 케르베로스가 무고한 돼지의 원한을 갚기 위해 온 것은 아니고, 철인 W의 개 '우구ㅋㅁ'였다. 우구는 사람 좋은 철인 W의 집에 얹혀사는 떠돌이 개다. 사람들이 자리를 비운 사이 우구가 돼지 피를 '할쭉할쭉' 먹은 것이다. 우구는 떠돌이 생활 탓인지 한쪽 눈을 잃고 다른 쪽 눈도 허옜으며 뒷다리를 절뚝였다. 하얀 털은 새빨간 피를 더 돋보이게 했다. 사람을 잘 따르는 우구가 피를 먹던 와중에 우

소 축사 옆에 살아서 우구.
오늘따라 '조커' 같다.

리를 보고 뛰어온 것이다. 반가워해주니 고맙긴 한데, 피범벅으로 절룩이며 뛰어오자 좀비가 따로 없었다. 아오, 깜짝아. 지옥에 온 줄 알았네.

피를 뺀 후에는 뜨거운 물을 부어 돼지털을 제거하는 탕박^{湯剝}을 한다. 섭씨 100도의 끓는 물은 돼지의 진피까지 익히기 때문에 이보다 낮은 온도의 물을 쓴다. 70도 정도. 뜨거운 물이 닿으면 살이 살짝 뜨는 게 보인다. 허옇게 뜬 표피를

호미로 살살 긁는다. 얇은 표피가 털과 함께 벗겨지며 분홍빛 살이 나온다. 흑돼지도 속살은 똑같이 분홍빛이다. 날카로운 칼날은 돼지 살에 상처를 낼 수 있기 때문에 무딘 날을 쓴다. 돼지껍질을 먹지 않을 거라 털을 깔끔하게 제거할 필요는 없었다. 살코기만 소금에 절여 숙성할 예정이었다. 껍질과 비계는 오랜 보존을 방해한다. 털을 거칠게 정리하고 가스 토치의 불로 살짝 그슬려 남아 있는 털을 제거했다.

머리를 떼어낸 다음 내장을 뺀다. 목에서부터 항문까지, 배를 가른다. 명치 아래부터 복부는 내장이 맞닿는 곳이기 때문에 칼질을 조심히 해야 한다. 손가락 한마디 깊이까지는 비계가 나온다. 그리고 내장을 감싼 얇고 하얀 막이 드러난다. 내장이 터지지 않도록 신중하게 막을 자른다. 그러면 오장과 육부가 보인다. (직접 본 적은 없지만) 사람 속과 똑같다. 식도에서 항문까지, 내장은 모두 연결되어 있다. 김이 모락모락 나왔다. 열기와 함께 돼지의 살과 피 냄새가 훅 퍼졌다. 맡는 순간 누린내라고밖에 표현할 길 없는 냄새. 손에 배고, 코에 밴 냄새. 끝내 뇌신경에 배어버린 냄새. 평생 누린내를 맡아본 적이 없었는데, 어떤 저주처럼 나는 이제 이 냄새를 기억하게 되었다.

내장을 빼낸 후 목에서 엉덩이 방향으로, 등뼈를 따라 좌우로 몸통을 나눈다. 도축장에서는 대형 톱으로 순식간에 자르지만 우리가 가진 도구는 칼 한자루뿐이었다. 관절이 많고 촘촘한 등뼈를 분리하는 작업은 초보에게는 난도가 꽤 높았다. 뼈의 틈을 찾지 못하는 칼이 뼈마디마다 걸리고 부딪혔다. 모두가 등 뒤에서 이 장면을 지켜보고 있었다. 땀이 삘삘 흘렀다. 해는 점점 떠오르고 날이 더워졌다. 시원할 때 끝내야 한다는 부담에 힘이 들어갔다. 힘을 빼야 일이 쉬운데, 다짐은 쉬워도 실행은 어렵다. 뼈에 걸릴 때는 또 힘이 들어갔다. 자꾸 뼈를 긁는 바람에 칼이 무뎌지는 것 같기도 했다.

돼지를 반으로 갈라 좌우로 만든 상태를 이분도체라고 한다. 이분도체 상태에서 정육을 한다. 이분도체로 만들고부터는 한시름 놓았다. 제빵 D와 좌우 한쪽씩 나누어서 작업하기로 했기 때문이다.

제빵 D는 서울에서 귀촌한 요리사다. 요리사로서의 정체성을 잊지 않기 위해 항상 식칼을 품고 다닌다. 그는 경력을 살려 마을 빵집에서 지역 밀로 빵을 만들고 있다. 밀 본연의 맛을 내는 빵을 굽는 것이 그의 목표다. 우리 밀 특성에 맞는 빵을 만들기 위한 그의 연구는 오늘도 계속된다. 덕분에 남는 빵, 실패한 빵은 돼지 밥이 되었다. 제빵 D는 고기를 사랑한다. 고기를 대하는 그의 자세는 진지하다. 돼지 정육을 배우기 위해 같이 워크숍도 다녀왔다. 그가 고기만큼 좋아하는 것은 술. 술 없는 약속이나 술 마신 다음 날의 약속은 항상 늦는 편이다. 오늘은 술이 없어서일까. 그와 연락이 되지 않았다.

칼 갈기는 제빵 D 담당이었다. 우리 중 칼날을 세울 수 있는 이는 제빵 D밖에 없다. 칼을 갈아오는 것이 그의 과제였는데 시간이 지나도 제빵 D가 오지 않았다. 발골용 칼도, 숫돌도 모두 그에게 있었다. 달걀을 한 바구니에 담지 말라는 금언이 생각났다. 아쉬운 대로 아무 칼로 작업을 시작했다. 식칼은 발골용이 될 수 없다. 길고 얇은 칼이어야 한다. 급히 칼을 갈아보지만, 칼날은 세워지지 않았다. "이게 아니야!" 아침 해는 떠오르고 마음이 닳았다. 참다못해 그의 집으로 파발마를 띄웠다. 잠시 후, 칼만 황망히 실려 왔다. 어젯밤 술을 마신 제빵 D는 조금 더 지나고 나서야 도착했다.

따뜻했던 돼지의 몸은 숨이 빠져나가며 차차 식어갔다. 돼지에 집중되어 있던 사람들의 시선도 나뉘고, 다른 사람들의 역할도 시작되었다. 몇 고비가 더 남은 건지 모르겠으나, 또 한번의 고비를 넘겼다.

19.
오리도 부탁해

제각기 할 일이 생기고 부산스러워짐에 따라 얼었던 분위기가 조금씩 풀렸다. 대화가 오가고 웃음소리도 들렸다. 나는 제빵 D와 이분도체 좌우 각각의 몸뚱이를 하나씩 뉘어놓고 뼈를 분리하고 지방을 제거했다. 근육과 뼈는 생각보다 강하게 연결되어 있다. 한 수저에 배부르지 않듯, 한두번의 칼질로 살이 분리되지 않는다. 생초보인 나는 단칼에 되었으면 좋겠다는 미련을 품었다. 두세번 칼질 후 힘으로 뼈와 뼈를 분리해보지만 가당치 않았다. 돼지기름과 피와 체액이 목장갑에 스며들어 미끄러웠다. 미끄러워진 만큼 힘이 더 들어갔다. 돼지를 꽉 쥐려 할수록 작용과 반작용 법칙에 따라 손목과 손가락 관절에도 같은 크기의 무리가 왔다. 세 시간의 작업이 끝나니 주먹이 쥐어지지 않았다.

그래도 사람 손은 무서운 법이다. 끝없을 것 같던 모든 작업이 끝났다. 집으로 돌아가 피를 비롯한 여러 체취가 묻은 옷을 벗고 물을 데워 몸을 씻었다. 비누 거품을 내어 꼼

꼼히 닦았지만 그래도 손에서는 돼지 냄새가 났다. 두세번 더 씻어도 누린내가 남았다. 손에 남은 냄새는 씻고 씻어도 며칠을 갔다. 누린내를 맡으며 밤을 보내자니 오리를 처음 잡던 날의 기억이 떠올랐다.

때는 2년 전으로 거슬러 올라간다. 우리 마을 논에는 오리들이 산다. 오리농법은 오리를 이용해 벼를 키우는 친환경 농사법이다. 언뜻 생각하면 오리가 농작물을 다 망칠 것 같지만, 오리의 습성을 이해하면 여러 도움을 받을 수 있다. 모내기가 끝나고 모가 자리를 잡을 때쯤 오리를 논에 풀어놓으면 오리가 벼 사이를 헤엄치며 곤충을 잡아먹는다. 논에서 헤엄칠 때 일어나는 흙탕물이 햇빛을 막아 잡초 발생도 억제된다. 오리 똥은 그대로 퇴비가 된다. 살충제, 제초제, 퇴비 의존이 줄어든다. 물론 생명을 다루는 일이니 손은 더 간다. 아침저녁으로 오리들을 출퇴근시켜주어야 하고, 울타리를 쳐서 너구리나 족제비의 습격을 막아주어야 한다. 벼가 어느 정도 크면 오리의 역할은 끝난다. 보통은 오리 농장으로 돌아가는데, 캡틴 H는 오리들을 남겨두었다.

오리를 잡자고, 잡자고 하다가 드디어 날을 잡았다. 날을 정하자 나머지는 번개처럼 진행되었다. 솥과 도구들, 기본양념을 챙겼다. 오리가 있는 캡틴 H의 농장에 도착하니 마당에는 개만큼 큰 오리가 집 주변을 거닐고 있었다.

"어우, 큰데?" 처음 보는 크기의 오리에 당황했다. 커다란 오리가 사납게 짖어 나를 위축시켰다. 캡틴 H는 농사를 마친 오리들이 작아서 그후 1년을 더 키웠다고 한다. 오늘 잡을 오리는 네마리.

내가 아는 오리 잡는 방법은 목과 가슴뼈 사이로 칼을 꽂아 넣어 심장을 찌르는 방식이다. 목과 쇄골 사이, 손가락이 쏙 들어가는 부분을 찌른다. 오리 잡는 법은 마을의 농업학교에서 배웠다. 이곳으로 이사 온 지 얼마 되지 않았을 때였다. 오리 잡는 방법을 배우며, 먹는 것으로 농사가 완성된다는 생각이 들었다. 무엇을 먹느냐에 따라 버려짐 없이 모두 쓰임이 있는 농사가 되었다.

"오리 눈 보지 마라."

우리 중 뭐로 보나 경험이 가장 풍부한 연륜 1호가 잊지 않고 주의를 주었다. 오리 잡자는 말에 호기롭게 맞장구는 쳤으나 나도 몇해 전 오리 잡는 법을 배운 이후 처음이었다. 기억이 가물가물한 것이 선무당 지수가 높은 사람이다. 무섭게 짖어대는 큰 오리를 보니 기백도 사그라들었다. 일단 오리 목을 잡긴 잡아보았다. 목을 앞에서 감싸 쥐며 손가락으로 목 뒤에 있는 두 날개를 잡는다. 한 손으로 오리를 제압할 수 있는 방법이다. 한가한 나머지 손은 뭐를 하느냐면, 바로 칼을 쥔다.

칼이 좀 무디다 싶었다. 아니, 내 단호함이 무뎠겠지. 쿡, 쿡. 칼이 들어가지 않았다. 칼로 오리 맥박을 짚는 꼴이었다. 콩닥콩닥 뛰는 심장이 느껴졌다. 죄책감은 당황을 부르고, 당황이라는 감정은 가속페달에 연결되어 있다. "에잇!" 더 열심히 가슴을 찔렀다. 꾹, 꾹. 칼이 문제인가? 의심은 될 일도 안 되게 한다. 꾸욱. 칼은 손에 익지 않았고, 큰 오리는 힘이 셌다.

"꾸엑!"

참다못한 오리가 신음을 냈다. 틈이 생기자 오리가 버둥거렸다. 아차⋯ 오리 눈을 보고 말았다. 작금의 상황 파악을 끝낸 오리가 나를 쳐다보고 있었다. 똘망똘망.

세 남자가 삼각 편대로 쪼그리고 앉아 각자의 오리에 열중했다. 연륜 1호는 오리는 처음이지만 언젠가 닭 목을 비틀어보았다고 했다. 오리도 똑같지 않을까 하는 사고의 유연함을 발휘했다. 애석하게도 오리 목은 닭보다 훨씬 길었다. 연륜 1호가 한 손으로 오리 머리를 잡고 한바퀴를 돌렸다. 질식사를 시킬 요량이었다. 오리가 눈을 감았⋯ 아니, 다시 떴다. 오리가 눈을 끔뻑이며 우리를 쳐다보았다⋯ 똘망똘망.

캡틴 H는 어려서부터 오리 잡는 모습을 익히 '보았다'고 했다. 직접 잡는 건 처음이라는 말을 당일에야 털어놓았다. 보아하니 우리는 그를 믿고 왔는데, 그도 우리를 믿었던 모양이다. 하지만 나는 그를 믿고 싶었다. 어깨너머 기술이 진

짜배기이기를 바랐다. 더이상 물러날 곳이 없었다. 캡틴 H
는 오리 목을 땅에 대고 안정된 자세로 자리를 잡았다. 정신
을 모으는가 싶더니, 칼등으로 오리 뒤통수를 쳤다. "탁!" 오
리 눈이 반쯤 감겼다. 기절을 시키는 거란다. 그럴듯한 자세
에 우리 모두 놀랐다. 다시 한번 쳤다. "탁!"

 "이렇게 하는 거 같았는데…" 옛 기억을 떠올리는 캡틴의
눈이 반쯤 감겼다. 오리 눈도 감기기 시작했다. 성공이다! 기
쁨에 취한 세 사람. 하지만 적당히 멈출 줄도 알아야 한다.
낙수가 바위를 뚫는 법. 어디선가 피가 튀었다. 끄아…

 "아, 기절만 시켰어야 했는데…"

 우리가 오리를 잡는 건지, 오리가 우리를 잡는 건지 오리
무중이었다. 오늘의 주제는 누가 누가 더 잔인한가. 이번 생
에 천국 가기는 틀린 것 같다. 오늘 밤 네 꿈에 오리가 나올
것이라고, 우리는 서로에게 책임을 떠넘겼다.

 닭은 뜨거운 물에 담그면 깃털이 쉽게 빠지는데, 오리는
깃털에 있는 기름 탓에 털 손질이 어렵다. 그래서 껍질을 전
부 벗겨버리기로 했다. 껍질을 벗겨 탕을 끓이면 기름기 없
이 담백하다. 자연스럽게 자라 운동을 많이 한 오리는 살이
적고 질겨 구이나 볶음보다는 국과 탕에 어울린다.

 시골도 이제는 닭이든 오리든 직접 잡아먹는 이가 줄고 있
다. 전화 한통이면 맛있는 치킨 한마리가 뚝딱 배달되는 세

상에 손에 피를 묻히고 싶어하는 사람은 없다. 생명을 거두는 일은 마음을 불편하게 만든다. 식탁 위에서는 고기지만, 그 전 단계인 사체를 손질하는 과정이 유쾌하지는 않다.

제사상에 고기를 놓는 이유는 고기가 귀한 음식이었기 때문이라고 알고 있었다. 하지만 내 손으로 직접 동물을 잡아보니 생명을 죽이는 꺼림칙함도 이유가 아니었을까 하는 생각이 들었다. 내 입을 위한 게 아니라 신성한 존재를 위해 죽인다는 위안이 필요했을지도 모른다. 양심의 가책을 해소하는 방법으로써 말이다.

미국의 저널리스트 마이클 폴란 Michael Pollan 은 현대인은 "고기를 식탁 앞으로 가져다놓는 과정에 주의를 기울이지 못하면서" 우리가 미개하다고 했던 옛사람들보다 "훨씬 더 동물처럼 먹고 있다"고 말한다.[*]

우리는 더이상 가축을 직접 잡지 않는다. 먹기 좋게 포장된 상품으로 만난다. 손질할 필요도 없다. 간단히 굽거나 볶기만 하면 되는 식재료일 뿐이다. 돼지 멱따는 소리를 들을 일 없으니 돼지에게 미안할 일도 없다. 상품으로서의 고기만 취하는 현대인은 무언가 대단히 중요한 것을 놓치고 있는 건 아닐까?

---

* 마이클 폴란 『요리를 욕망하다』, 김현정 옮김, 에코리브르 2014, 68면.

20.
널 먹어도 되겠니

나는 왜 하필 돼지를 선택했을까.

우선 토끼나 염소같이 익숙하지 않은 동물을 기르는 것은 대안 연구의 취지에 맞지 않았다. 소, 닭, 돼지 같은 주요 가축 중 하나여야 했다. 소를 키워야 하나 고민하지 않은 것은 아니다. 대안축산연구회에 모인 이들 중 여럿이 이미 소를 기르고 있었다. 소 축사가 있으니 소에 대한 실험이 제일 쉽다고 할 수 있었다. 곡물 없이 풀만 먹여 소를 기르는 것을 진지하게 고민했다. 풀을 두고 인간과 소가 경쟁하지도 않는다. 하지만 소는 자라는 기간이 최소 2년이다. 게다가 500~600킬로그램이나 되는 큰 동물을 잡아먹는 건 정말 큰일이었다. 고기로 먹는 것이 소의 유일한 쓰임이라면 시간과 노동이 많이 드는 소의 가격은 비쌀 수밖에 없다.

크기로 보았을 때 닭은 그 반대편에 있었다. 부담도 적어 언제든 바로 시작할 수 있을 것 같았다(캡틴 H는 바로 부화기를 구매했다). 하지만 내 입맛부터 프랜차이즈 치킨에 길들어 있었다. 치킨에는 염지라는 기술이 필요하다. 짭짤한 감칠맛을 내는 비결이다. 닭고기에 주삿바늘을 꽂아 염지액을 넣는다. 프라이드치킨과 삼계탕은 다른 차원의 음식이 되었다. 크기가 작다는 건 다른 문제도 낳았다. 작은 만큼 많이 길러야 하고, 그것은 자주 잡아야 한다는 걸 의미했다. 잦은 도축은 부담이 되었다.

돼지는 빨리 크면서도 소와 닭의 중간 크기다. 게다가 무던한 성장을 하는 동물이다. 최근까지 집집이 돼지를 길렀던 이유가 있다. 돼지는 같은 잡식동물인 닭보다 거친 먹이를 먹을 수 있고, 인간보다 더 다양하게 먹는다. 그리고 돼지는 닭과 다르게 고기 자체로 맛을 낼 수 있다. 하지만 공교롭게도 돼지는 사람과 비슷한 동물이다. 그 때문에 도덕적 질문을 마주해야 했다.

돼지를 한마리 잡았지만, 여전히 두마리가 더 남아 있었다. 동료 돼지의 빈자리를 다른 돼지들은 알고 있을까? 돼지 한마리를 잡은 이후로도 나는 돼지 밥을 주고 똥을 치웠다. 평소와 다름없는데 내가 죄책감을 느낀 것뿐일까? 밥을 먹으러 곧장 달려오지 않는 것은 그냥 더위 때문일까? 원래 주춤거렸던가? 경계하는 건가? 헷갈린다. 사무적인 관계랄까, 도축 다음 날 돼지우리에는 서로의 행동만 있을 뿐, 교감은 없었다.

돼지는 제법 똑똑했다. 사람 오는 소리가 들리면 밥이 생긴다든지, 수영장에 신선한 물을 넣어준다든지, 간식을 준다든지, 어떤 좋은 일이 생긴다는 걸 알았다. 벽 너머로 슬쩍 쳐다보면 이미 꼬리를 흔들며 서 있곤 했다. 돼지는 자랄수록 자아가 생긴다고 한다. 개 수준의 지능과 교감 능력을 갖추고 있다. 개랑 비슷하다는 게 마음에 걸렸다. 도시에서 자란 내게 개는 '가족' 선상에 있는 동물이다.

여전히 두 마리가 남아 있었다.

"(돼지를) 집에 있는 아기처럼 다루라는 말을 자주 들었어." 대기업 양돈장에서 최근까지 일했던 친구가 말했다. "아기라니, 난 헷갈렸어. 그 상사가 돼지한테 하는 행동은 아기에게 하는 거랑은 달랐거든. 돼지는 절차대로 생산되고 규격에 맞지 않는 돼지는 불량품으로 취급됐지. 불량품은 폐기되기 마련이야. 나도 그 안에 있을 땐 그게 잔인하다는 생각을 안 했어. '아기처럼'이라는 말도, 돼지를 자식처럼 사랑하라는 게 아니라 상품으로 아끼라는 거였지."

공교롭게도 같은 시기 어느 시민단체에서도 '뜰에서 돼지 기르기' 프로젝트를 실시했다. 돼지를 많이 키우는 지역이었고, 가장 큰 현안은 축산으로 인한 문제였다. 시민단체는 프로젝트를 통해 돼지와 사람이 연결되어 있음을 알리고자 했다. 아쉽게도 아프리카돼지열병이 터지면서 프로젝트는 급하게 종료되었다. 종료를 앞두고 돼지를 '진짜' 축사로 보낼지 도축할지의 기로에 섰다. 진지한 토론이 이어졌다. 이들은 '진짜' 축사는 돼지가 '진짜' 산다고 할 수 없다고 판단했다. 먹음으로써 돼지를 기억하기로 했다. 식사로 조촐한 추모식을 열었다. 남은 뼈는 돼지가 살던 터에 묻었다.

그때 사람들은 상품이 아닌 살아 있는 돼지를 처음 보았다. 잠깐이었지만 가축이 행복해야 사람도 행복하다는 말을 되새겨보았다. 나도 키운 돼지를 잡아먹는다는 것에 불편한 마음이 없던 건 아니다. '나와 연결되어 있는 돼지'를 보다보니 일부 채식 담론에 의문이 생겼다.

가축과 인간이 평등하다는 생각은 육식 자체를 죄악시한다. 선과 악의 이분법은 사람들에게 죄책감을 느끼게 했다. 죄책감은 대체로 반감을 불렀고, 현실을 더 외면하게 만들기도 했다. 죄의식은 나쁜 상황을 존치하는 효능이 있었다. 이분법은 중간 없는 평행선을 만들었다. 축사에 사는 가축

의 환경, 축사 주변에 사는 인간의 환경에 대한 논의는 육식
주의자들이 고기를 먹기 위한 변명처럼 여겨졌다.

겨울이 되기 전, 나머지 두 돼지도 순차적으로 도축되었
다. 첫번째 돼지처럼 이웃, 친구들과 함께 나누어 먹었다. 세
마리 돼지가 떠난 자리에 봄이 오면서 토마토 싹이 났다. 돼
지 똥에 있던 씨앗들이 싹을 틔운 것이다. 지난여름, 돼지는
토마토의 시간을 보냈다. 토마토를 먹고 또 먹었다. 토마토
의 시간은 갔고, 이제 돼지의 시간이 되었다. 토마토는 돼지
똥의 양분으로 자랄 것이다. 우리는 서로를 먹고 서로에게
먹힌다. 나도 무언가의 양분이 될 것이다. 생명만이 생명을
줄 수 있다. 돼지를 키우고 또 잡아먹으면서 생명을 먹는 것
의 책임을 곱씹어보았다.

다리가 넷인 네 형제의 뒷부분을 쏘아서 기력을 쇠하게 하되
죽이지는 말아라. 그리고 네발 달린 형제의 머리를 너의 손
으로 붙들고 눈을 들여다보라. 눈은 모든 고통이 드러나는
곳이다. 네 형제의 눈을 들여다보고 고통을 느껴보라. 그러
고는 칼로 네발 달린 형제의 턱 밑, 목을 끊어서 그가 빨리 죽
게 하라. 그리고 네발 달린 형제에게 너의 행동에 대해 용서
를 구하라. 네가 먹을 음식과 입을 옷이 필요한 바로 지금, 육
신을 제공해준 네발 달린 너의 형제에게 감사 기도를 드려라.

그리고 네발 달린 형제에게 당신이 죽으면 땅으로 되돌아갈 것임을, 당신이 자매 꽃들과 형제 사슴을 위해 땅의 자양분이 될 것임을 약속해라. 네발 달린 형제에게 이러한 축복을 전하고, 때가 되면 보답하는 것이 바람직한 태도다.*

---

* 수(Sioux) 부족의 연장자가 아들에게 주는 충고. 토니 밀리건 『채식의 철학』, 김성한 옮김, 휴머니스트 2019, 50면에서 재인용.

2부 생명과 고기 사이

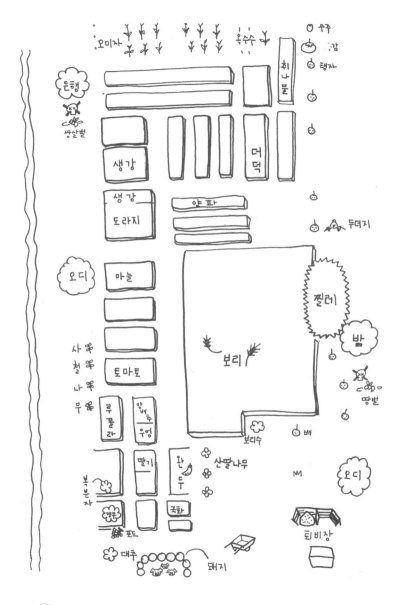

21.
돼지고기는 돼지의 삶(살)

다시 처음 돼지를 잡았던 때로 돌아가서. 돼지를 잡고 정육까지 하고 나니 완전히 기진맥진해졌다. 방전은 다음 날까지 이어졌다. 며칠 내리 쉬고 싶었지만 그럴 수 없었다. 고기가 신선할 때 먹어야 하기 때문이다. 도와주었던 사람들, 가까운 이웃들과 나눈다고 나누었지만 많은 양을 한번에 먹을 수가 없었다. 정말 많았다. 발골을 하면서는 금방 먹을 수 있을 것만 같았고, 고기만 먹고도 살 수 있을 것 같았지만 겨우 한근도 몇 끼니에 걸쳐 먹었다. 지지고 볶고 삶아서 야금야금 먹어도 마법의 항아리는 쉬이 줄지 않았다.

'돼지 키우기' 고개를 넘으니 '전부 먹기'라는 새로운 고개가 나타났다. 돼지를 잘 먹고 싶었다. 희생된 돼지에게 미안함과 고마움을 표할 길은 책임을 지는 것이고, 책임의 구현은 맛있게 끝까지 먹는 것 아닐까 싶었다. 「6시 내 고향」에 필적할 응용력을 발휘했다. '돼지'가 붙는 모든 요리를 했다. 장조림, 감자탕, 수육, 제육볶음을 해 먹었다. 훈제를 해서 먹기도 했다. 이번 고기를 마지막으로 평생 채식을 한다 해도 여한이 없는 맛이었다. 하지만 옛말 그른 게 없다. 고기도 먹어본 사람이 먹는다더니, 구워 먹기만 해본 깜냥으로 돼지 한마리를 다 먹는 건 꽤 어려운 일이었다. 다양한 요리를 해야 했고, 정성이 필요했다.

가축을 한두마리 잡던 시절에는 가축을 잡는 날이 잔칫날일 수밖에 없었을 것이다. 돼지를 홀로 손질할 수 없어 남녀든 노소든 여러 손이 함께해야 한다. 한번에 다 먹을 수도 없고 어디 쌓아둘 수도 없다. 예전에는 돼지를 잡으면 부위를 구분하지 않고 덩어리로 잘라서 팔았다고 한다. 비계가 많은 부위, 적은 부위 정도로만 선택했고, 신문지에 싸서 가져갔다고들 한다.

요즘도 마을에서 가끔 돼지를 잡는다. 예전만큼은 아니지만 그날은 마을에 잔치 기운이 돈다. 평균 연령대가 70대인 마을 어르신들은 오랜 시간 동물을 잡아온 덕인지 각자의 자리에서 맡은 일을 척척 해냈다. 국밥을 끓이고 수육을 삶는다. 돼지 한마리가 어느새 뚝딱 사라진다. 마을에서의 돼지 잡기는 어려워 보이지 않는다. 칼끝에는 일말의 고민이 없고 별도의 작업 지시도 없다. 뼈는 삶아 국물을 내어 대부분을 냉동시켜 보관한다. 이 뼛국은 마을 노인회의 긴긴 식량이 된다. 불 앞에 모이고 음식을 나눈다. 인류가 늘 그래왔듯, 둘러앉은 상이 된다.

축산 동물의 수명은 경제성에 따라 결정된다. 소는 30개월, 돼지는 6개월, 닭은 1개월을 산다. 사료 전환율이 가장 높은 시점이다. 돼지의 근육(살코기)은 어릴 때는 하얗다가 점점 붉어진다. 시중의 돼지고기가 소고기에 비해 덜 붉은 것은 6개월 만에 도축되기 때문인데, 운동량이 적은 이유도 있다. 자연양돈 돼지는 더 많이 활동하고 조금 더 길게 사는 덕에 살이 소처럼 붉다.

먹는 것이 살과 피가 된다. 잘게 부서진 음식물이 각종 효소를 통해 포도당, 아미노산, 비타민 등으로 분해·흡수된다. 살코기는 동물의 근육이고, 근육은 동물의 움직임을 만드는 엔진이다. 당분은 근육의 에너지원이다. 쓰고 남은 당분은 지방으로 저장된다. 동물에게 지방은 휴대용 기름 탱크인 셈이다. 지방은 같은 무게의 탄수화물보다 두배 높은 칼로리를 갖고 있다. 동물이 지방 형태로 에너지를 저장하는 이유다. 고밀도의 기름 탱크는 좋은 엔진만큼 중요하다.

오랜 기간을 수렵인으로 살았던 인간의 유전자는 지방에 더 높은 열량이 있다는 것을 알고 있다. 지방이 없는 살코기는 맛이 거의 나지 않는다. 소비자가 부드러운 고기를 선호한다는 사실이 동물의 움직임을 최대한 억압하는 사육 방식의 근거로 쓰이기도 한다. '마블링'은 축산업이 만들어낸

마케팅의 산물이지만, 기름의 부드러운 식감과 고소한 맛을 선호하는 것은 유전자의 영역이다.

전통적으로 찜과 탕으로 먹었던 소고기를 구워 먹기 시작한 건 현대의 일이다. 마블링을 만들기 위해 소는 옥수수 알곡을 먹어야 한다. '1^{++}등급'의 소고기는 근육에 약 17퍼센트의 지방을 갖고 있다. 근육에까지 지방이 있다는 것은 소가 고통스럽게 성장했다는 뜻이다. 근육 내 지방은 간 기능이 손상되고 대사 기능이 마비되면서 비로소 쌓이기 때문이다. 소 한마리는 하루 10킬로그램의 옥수수를 먹는다. 1년에 약 4톤(물론 수입한 옥수수다). 풀을 먹어야 하는 소가 곡물을 먹는 탓에 대부분의 소는 위장병을 앓는다. 곡물로 인해 소의 위는 인간의 위와 비슷한 산성이 되었고, '햄버거병'이라 불리는 용혈성요독증후군의 원인균인 O-157 대장균이 증가했다.

돼지의 경우 국내 시장에서는 지방이 많은 삼겹살(뱃살)과 목살이 인기 부위다. 지방이 적고 살코기 덩어리인 등심과 안심은 중간, 육중한 몸을 지지하는 근육과 다릿살은 찬밥 신세다. 100킬로그램짜리 돼지를 도축했을 때 피와 내장, 머리, 가죽, 뼈를 제거한 후 나오는 고기의 양은 보통 65킬로그램. 이를 정육률이라고 한다(소의 정육률은 40퍼센트다). 인기 부위인 삼겹살과 목살 15킬로그램을 팔아 돼지 한마리 값을 뽑아야 하기 때문에 삼겹살은 '금겹살'이 된다. 그래도 부족한 삼겹살은 수입한다. 반면 뒷다릿살은 재고로 쌓인다. 남아도는 뒷다리를 어떻게 처리할 것인지가 업계의 고민이다. 사람이 돼지의 일부만 먹는 탓에 더 많은 돼지를 키워야 한다.

인간은 먹을 수 없는 것과 먹지 않는 부산물을 활용해 가축을 길러왔다. 생태계가 감당하는 만큼 가축을 길렀다. 지금은 더 많은 고기를 먹기 위해 자연이 스스로 회복 불가능한 수준으로 자원을 쓰고, 그만큼의 폐기물을 만들어내고 있다.

사람들은 완전한 변화만이 정답이라고 생각하는 경향이 있다. 하지만 작은 선택으로 변화를 만들 수 있다. 뒷다릿살을 먹는다면 돼지의 전체 사육 마릿수를 줄일 수 있다. 자연 양돈 방식으로 기른 돼지고기를 먹는다면 돼지의 고통을 줄일 수 있다. 마블링 없는 3등급 소고기를 먹는다면 옥수수 생산을 줄일 수 있다. 옥수수가 줄면 죽음의 해역을 좁힐 수 있고, 지구의 허파인 아마존을 지킬 수 있다. 고기 섭취량을 줄인다면 세상이 변할 수 있다. 우리의 선택으로 조금씩 바꾸어 나갈 수 있다.

2부 생명과 고기 사이

22.
치사율 99퍼센트의 전염병

"왜 돼지를 키우는 거예요?"

'진짜' 돼지를 키우는 후계자 J가 물었다. 그는 집안의 양돈 사업을 이어받아 1000마리의 돼지를 키우고 있다. 그에게 세마리 돼지는 이상하게 보일 만했고, 그는 이 별난 일의 이유를 알고 싶었을 것이다.

"재밌을 거 같아서요."

음, 모든 상황을 함축하면서도 이상한 사람처럼 보이지 않을 말을 하고 싶었다. 이어진 것은 침묵. 더이상 대화는 이어지지 않았다. 동물 키우는 일을 쉽게 생각하고 있다고 느꼈을지도 모르겠다. 어쩌면 모욕감마저 느꼈을 수도 있다. 물론 나는 재미 삼아 돼지를 키우지 않았다. 돼지를 키우며 돼지라는 동물에 대해 알아가고, 동물을 키우는 일이 쉽지 않으며, 농장 안의 돼지와 농장 밖의 내가 연결되어 있다는 걸 배워갔다. 그러던 중, 결국 터질 일이 터졌다.

앞서 언급했듯 아프리카돼지열병은 치사율이 100퍼센트

에 가까운 돼지 전염병이다. 아프리카 돼지의 토착병이 변이되면서 무시무시한 전염병이 되었다. 아프리카돼지열병은 유럽을 거쳐 중국으로, 그리고 한반도로 왔다. 세계는 좁아졌고, 교류의 속도만큼 전파도 빨라졌다. 성장률 중심으로 육종된 단일 혈통을 밀집시켜놓은 현대의 축산은, 바이러스에게는 젖과 꿀이 흐르는 세상이다.

우리나라에서 아프리카돼지열병은 2019년 9월에 처음 발생했다. 중국은 이미 전염병의 태풍이 모든 걸 휩쓸고 있던 때이다. 중국에서는 2018년 8월에 처음 발병했는데, 2018년 한해에만 돼지 70만마리 이상을 살처분했다. 국내로 들어온 이상 종식은 힘들 것이라고 했다. 공기로 전파되는 구제역과 달리 아프리카돼지열병 바이러스는 체액을 통해 전파된다. 이 지독한 바이러스는 외부 환경에서도 오랫동안 생존했다. 어떻게 국내로 유입되었는지에 대한 의견이 분분했다. 음식물쓰레기(바이러스에 오염된 돼지고기)를 사료로 먹여서라고도 했고, 야생동물을 매개로 북한에서 내려왔다고도 했고, 해외 교류 탓이라고도 했다. 바이러스가 어디서 묻어서 어떻게 퍼지는지 완전한 추적은 불가능하다. 우리 돼지들이 전파의 불씨가 될 수 있었다. 남은 돼지를 서둘러 처리해야 했다.

역병을 막는 작업은 마치 전쟁과 같았다. 방역복을 입은 공무원들이 전선을 만들고, 축산 차량의 행적을 조사하고, 살균제를 살포했다. 보이지 않는 바이러스와의 싸움이었다. 이 병이 발생한 지 100년이 지났지만 백신은 나오지 않았다. 백신이 있든 없든 최선의 전략은 예방이다. 인간 세계의 방역과 달리 가축 세계의 사회적 거리 두기는 곧 살처분이다. 땅을 파서 전부 묻는다. 병에 걸린 돼지가 있는 축사의 반경 3킬로미터 안 모든 축사의 돼지는 죽어야 한다. 돼지뿐만 아니라 개, 고양이 같은 동물도 죽어야 한다. 질병이 발생하지 않았더라도, 친환경 축사라 하더라도 일괄 처분 대상이다. 전파 가능성이 있기 때문이다.

야생 돼지를 통한 전염 가능성이 제기되었다. 첫 발병 후 4개월 동안 야생 돼지 2만마리가 사살되었다. 덫이 놓이고 사냥꾼이 투입되었다. 발병 이후 동서로 619킬로미터의 철책이 쳐졌다(이후 울타리는 1200킬로미터까지 추가로 보강되었다). 야생동물의 남하를 막기 위해서다. 삼팔선과 휴전선, 그다음 분계선은 바이러스 방지선이 되었다. 축산업계는 더 적극적으로 야생 멧돼지를 제거하라고 정부에 요구했다. 멧돼지의 얄궂은 운명이었다.

아프리카돼지열병 국내 첫 발병 12일 뒤, 경기 북부의 아프리카돼지열병 저지선 한참 아래, 충남 홍성에도 의심 증상이 신고되었다. 한창 경계 태세였던 그때, 이 소식에 모두

경악했다. 홍성군은 남한에서 가장 많은 돼지를 사육하는 지역이다. 무려 60만마리. 발생 의심 장소도 하필 도축장이라니! 도축 대기 중이던 돼지 19마리가 의문의 폐사를 했다는 것이다. 원자력발전소 사고를 목도하는 듯한 긴장이 감돌았다. 도축장에서는 하루 2000여마리의 돼지를 도축한다. 그러다보니 다수의 가축 이송 차량이 오고 갔다. 모든 것을 멈추고 결과를 기다렸다. 결과는 다행히 '음성'이었다. 당시 전염을 막기 위해 돼지는 이동이 금지되기도 하고 풀리기도 했다. 이동 금지가 길어질수록 도축 시기를 놓친 돼지들이 많아졌다. 매일 적자가 누적되었다. 이동 금지가 풀리던 날, 도축장으로 돼지가 쏟아져 들어갔다. 19마리의 의문의 폐사는 폭발적인 병목 사태에 돼지들끼리 '압사'를 당한 해프닝이었다고 한다. 사람들은 안도의 숨을 내쉬었다.

2011년 구제역을 기억하는 사람들은 특히 안도했다. 살처분은 축산인과 비축산인, 이 땅에 사는 모두에게 끔찍한 사건이었다. 안락사하고 묻어야 하지만 동물이 너무 많다보니 미처 다 죽이지 못했다. 사람들은 동물을 산 채로 묻었다. 차출되었던 공무원과 군인 중 일부는 정신과 치료를 받기도 했다. 매립지도 문제였다. 동물은 해당 축사 부지에 묻어야 하는데, 밀식 사육하던 곳에 밀집 매장을 하니 사체가 썩지 않았다. 사체 침출수가 토양으로 유출되어 지하수가 오염되었다. 지하수에서 가축 사체의 유해물질이 검출되었다. 어느 곳의 지하수가 어떻게 연결되어 있는지 알 수 없었고, 시골 마을에까지 상수도가 들어서야 했다.

2020년에는 코로나19로 전세계가 발칵 뒤집혔다. 처음 겪어보는 일은 모든 것을 바꾸었다. 역사 시간에 들었던 '팬데믹'이었다. 사실 가축 세계에서 팬데믹은 이미 일상이었다. 돼지와 닭과 오리, 소 전염병은 계절마다 돌아왔다. 때마다 철마다 살처분은 반복되고 있다. 끔찍한 일이 이제는 일상이 되었다. "○○만마리 살처분" "보상금" "농가 파산" 같은 뉴스가 나왔다. 아이러니하지만 일반 농가가 파산하는 와중에 축산 대기업의 주가는 올랐다. 그리고 '살처분 테마주'가 인기 검색어로 올라왔다.

하지만 과학자들이 걱정하는 바이러스는 지금이 아니라 앞으로의 바이러스다. 새로운 인수공통감염병(인간과 동물 간에 상호 전파되는 병원체에 의한 전염병)의 출현이다. 2000년 이후로 인수공통감염병 발생이 증가하고 있다. 코로나19, 메르스와 사스, 신종플루, 에이즈는 모두 인수공통감염병이다. 인수공통은 동물과 인간이 연결되어 있다는 징표다. 미지의 바이러스 대다수는 야생에 있다. 야생이 인간에게 오는 게 아니라, 인간이 야생을 뒤흔들기 때문에 인간에게 올 수밖에 없다. 지상 동물 총량의 97퍼센트를 차지하는 인간(과 가축)의 영역은 지금 이 순간에도 계속 넓어지고 있다.

과학은 돼지가 여러 면에서 인간과 비슷하다는 사실을 밝혀냈다. 혈관계와 이빨, 심장, 피부, 소화계, 장기의 많은 부분이 닮았다. 인간과 돼지는 유전자의 95퍼센트 정도가 비슷하다고 한다. 인간에게 다른 동물의 장기를 이식하는 연구가 활발히 진행되고 있는데, 돼지는 인간의 이종異種장기이식에 가장 적합한 종으로 꼽힌다.

인간은 우리와 가장 유사한 동물을 한 공간에 밀집시켜 놓았다. 그 공간이 바이러스가 증식하기에 최고의 상태라면, 병약한 동물이 친-바이러스 상태라면, 인간은 바이러스에게 세계 구석구석에 진화 연구소를 선물한 것은 아닐까. 돼지는 야생과 인간 사이의 종간 장벽을 넘는 징검다리 동물이라는 것을, 이미 인간과 일부 질병을 공유하고 있다는 점을 우리는 기억해야 한다.

23.
이것이 모든 것을 바꾼다

또다른 문제가 있다. 한국 정부는 2003년부터 매년 동물과 유통 축산물, 수산물에 대한 항생제 내성을 조사하고 있다. 가축의 분변과 도축장의 도체를 검사한다. 2019년 도체 검사 결과 다양한 항생제 중 암피실린에 대한 내성률이 소에서 16퍼센트, 돼지에서 63퍼센트, 닭에서 83퍼센트로 확인되었다. 가축과 균의 종류에 따라 그 비율은 다르지만, 거의 모든 가축에서 다양한 항생제 내성균이 검출된다.

"설사가 가장 흔하고 무서운 병이야. 그래서 초기에 잡아야 하지. 전염성이기 때문에 같은 방에 있는 돼지는 모두 항생제를 맞아야 해. 항생제는 바셀린같이 끈적한데, 지용성이라 그래. 그래서 흡수가 잘 안 되지. 항생제가 흡수되지 않은 살이 괴사한 것을 '농이 난다'고 해. 그 부분은 먹을 수 없어서 도체 가격이 내려가. 항생제로 치료가 안 되면 항균제를 놓는데, 그건 항생제보다 더 센 약이야." 대기업 양돈장에서 일했던 친구가 말했다.

축산물에 남아 있는 항생제 내성균을 사람이 직접 먹는 것도 문제지만, 더 큰 문제는 보이지 않는 곳에 있다. 가축에게 투여한 항생제의 80퍼센트는 배설물과 함께 배출된다. 분뇨에 포함된 항생제에는 정화 기준이 없다. 그 때문에 항생제는 하천으로 유입되고 축적된다. 항생제뿐만이 아니다. 진통제, 해열제, 소염제, 호르몬제도 강으로 유입된다. 항생제를 포함한 의약물질이 지속해서 수생태계에 영향을 끼친다. 우리나라 하천의 특성을 고려할 때 항생제와 항생제 내성 박테리아가 수돗물 원수로 다시 유입될 가능성이 있다는 게 학계의 경고다.

기술 발전이 상황을 해결해줄 거라고 말하는 이도 있다. 하지만 업계는 발전하는 기술을 가축을 더 많이, 더 빨리 생산하는 쪽으로 써왔다. 정책을 통해 식품 안전을 책임져야 하는 행정 당국은 '물가 안정'과 '경제 활성화'라는 구호 뒤로 숨는다. 잦은 전염병 발생과 어디서 나타날지 모르는 항생제 내성 박테리아. 이 불길한 만남을 막을 수 있을까. 그로 인한 재앙은 자연스러운 순서인지도 모른다.

기후변화는 이제 시작이고, 지구가 더 뜨거워진다는 것에 학계는 이견이 없다. 축산업은 자연 상태에서는 일어날 수 없는 일을 해냈다. 인류는 열광했다. 이 잔치가 가능했던 이유는 곡물의 대량생산 덕이었고, 그 힘은 석유에서 나왔다. 현대 인류는 유례없는 양의 축산물을 소비하고 있다. 하지만 자연에 거짓은 없다. 많이 얻으려면 많이 써야 한다. 인류는 기적을 이룬 것이 아니라, 내일의 열매를 끌어왔을 뿐이다. 업계는 부정하고 있지만, 유엔식량농업기구^{FAO}에 따르면 축산업의 온실가스 배출량이 수송업보다 많다고 한다. 지금 같은 추세라면 석유에는 보조금이 아니라 세금이 붙을 것이다. 농업은 이미 기후변화의 영향을 받고 있다. 초장기 장마, 예측 불가능한 가뭄, 냉해, 폭우, 태풍이 더 빈번히 발생한다.

기후변화는 이미 시작되었다. 해수의 온도는 상승했고, 변화의 결과가 다시 변화의 원인이 되는 '양의 되먹임'^{positive feedback} 현상을 통해 걷잡을 수 없는 단계가 올 수 있다. 전문가들은 이를 막을 수 있는 기한을 2030년까지라고 이야기한다. 온실가스 배출량을 2010년 대비 절반 수준으로 줄여야 한다. 서구에는 '기후 우울증'이라는 신조어가 생겼다고 한다. 개인이 어찌하지 못하는 큰 절망에 사람들이 우울증에 걸리고 있다. 나도 절망적인 생각이 들었다. 지하수와 숲, 습지와 흙이 더없이 중요해지는데 세상은 반대로 가고 있는 듯 보였다. 그렇기에 내가 할 수 있는 일을 실천해보고 싶었다.

24.
고귀한 돼지를 찾아서

곡물의 과잉 생산은 닭고기의 과잉 생산을 가능하게 했고 결국 닭고기의 가격이 떨어졌다. 이에 가금류 회사는 줄어드는 수입을 보충하기 위해 더 많은 닭을 길러야 했다. 결국 닭의 과잉 생산이 야기되었고 닭고기는 물고기처럼 닭을 먹지 말아야 할 동물의 사료로까지 사용되었다. (어류는 과도한 곡물 생산으로 야기된 연안의 오염 때문에 점차 양식으로 전환되는 추세에 있다.) 남아도는 닭고기는 또한 멕시코 같은 나라로 수출되었다. 이에 멕시코는 경쟁력을 높이기 위해 미국과 같은 구조, 즉 규모를 키우거나 아예 사업을 포기하며 제 살을 깎아먹는 구조에 의존하게 된다.[*]

20세기가 시작되면서 석유로 질소비료를 만들 수 있게 되었다. 곧이어 작물의 대량생산을 가능하게 한 녹색혁명과

---

* 댄 바버 『제3의 식탁』, 임현경 옮김, 글항아리 2016, 216~17면.

함께 옥수수 생산량이 급증했다. 넘쳐나는 옥수수의 소비처를 찾아야 했고, 그중 하나가 가축의 사료였다. 세계화와 함께 값싼 사료와 축산물이 들어왔다. 국내 농가와 세계 시장의 경쟁이 시작되었다. 축산업은 규모화를 이루지 못하면 도태되었다. 기계가 들어오고 규모가 커졌다. 대출이 늘고 외부 의존도가 높아졌다. 대규모화되었던 축산은 최근 수직 계열화로 다시 한번 변화를 겪고 있다. 축산인도 현대판 소작농이 되었다.

농촌農村에는 이제 마을community은 사라지고 농업industry만 남았다. 산업형 농사만이 '진짜' 농사가 되었다. 규모는 커졌으나 전통적인 농촌 문화는 사라졌다. 공동체가 사라진 농촌에는 피해 의식과 패배주의가 자리 잡았다. 공장식 축산이 보통의 축산이 된 것을 두고 축산인만 비난할 수는 없다. 국가정책을 따라가다보니 지금에 이른 측면이 있다. 고향을 떠나지 않기 위한 선택이기도 했다.

국가가 포기한 농업에서 그나마 돈이 되고 안정적인 일이 축산이었다. 젊은 후계농 대부분이 축산을 하는 이유가 그 때문이다. 축산을 하며 느끼는 기쁨이 없는 것은 아니지만 그들이라고 동물에 매여 사는 삶을 원하지는 않았을 것이다. 대출에서 대출로 이어지는 생활, 주말도 휴가도 없이 매일 같은 일을 반복하는 생활을 꿈꾸지 않았을 것이다.

마을은 승자와 패자로 나뉘었다. 다수의 삶은 척박해졌다. 똥 냄새와 파리 떼 옆에 살고 싶은 사람은 없다. 물과 공기는 오염되었고 풍경은 삭막해졌다. 축산인과 주민의 갈등이 부각되지만, 축산인은 산업의 끝단에 있을 뿐이다.

축산업은 사료회사, 의약회사, 가공식품회사 등이 얽힌 거대한 산업군이다. 업계는 값싼 식품이 빈곤 문제를 해결할 것이라고 했다. 결과는 정반대였다. 빈곤에 시달리는 사람이 늘었고, 식품 불평등은 커졌다. 업계는 비용의 상당 부분을 사회에 전가한다. 온실가스 배출로, 지표수 사용으로, 지하수 오염으로, 열악한 노동으로, 보건 비용으로 사회가 값을 치르게 한다.

캡틴 H는 대안축산연구회의 창립자이며, 내가 돼지를 키울 때 돼지의 주식이었던 쌀겨를 공급했다. 나를 돼지 앞으로 데려다놓은 장본인. 이 여정의 처음부터 끝까지 그가 함께했다. 캡틴 H가 축산에 대한 다큐멘터리 영화 「소에 관한 음모」(2014)를 본 후 마을 신문에 기고한 고해성사를 가져왔다.

저는 고기를 좋아하는 사람이자, 소를 기르는 축산인입니다. 사실 축산과 육식에 관한 문제는 오래전부터 제기되어 왔습니다. 다만 사람들이 외면하는 불편한 진실이기에 저도 그에 편승하여 소 길러 돈 벌고, 그 돈으로 고기 먹으며 살아왔습니다.

그래도! 명색이 유기농업을 하는 농부이고, 아이들의 미래와 건강을 생각하는 아빠로서 계속 외면해선 안 되겠다는 생각이 들었습니다. 다큐멘터리를 통해 공장식 축산의 문제를 보았고, 변화가 필요하다는 생각을 했습니다. 축산인으로서 문제를 자각하고 대안을 실천해야겠다, 조금이라도 변화를 만들어보자고 생각을 했습니다. 이를 공감하는 몇몇 축산인들과 '대안축산연구회'를 결성했습니다. 같이 공부도 하고, 방목 돼지와 닭도 길러보고 있습니다.

나름 축산 문제에 관심을 가지고 양심적 노력을 하고 있음에도, 다큐멘터리를 통해 마주한 더 깊은 진실은 충격이었습니다. 양심을 끝없이 후벼 파더군요. 솔직히 소도 그만 기르고 채식을 해야 할까 고민을 했습니다.

많이 불편하고, 괴롭습니다. 내가 먹은 것이, 돈을 버는 일이 환경을 병들게 하고 사람들을 병들게 하고 동물들을 절규하게 하는 일이라는 사실을 마주했기 때문입니다. 무엇이라도 실천해야만 할 것 같은 절박함이 몰려왔습니다. 그렇다고 모두가 채식주의자가 되어야 할까요. 잘 모르겠습니다. 그렇게 쉬운 답은 아닐 것 같습니다. 극단의 외침은 사람들이 문제를 더 외면하게 만드는 부작용도 있기 때문입니다.

유기축산, 동물복지축산, 방목 농장, Non-GMO 사료, 자연 양돈 같은 대안 축산이 많아져야겠죠. 대안 축산을 더 공부하기로 했습니다. 마음의 짐을 조금이라도 덜기 위해서요. 소비자도 환경과 건강에 관심을 갖고 이것을 소비해야겠지요. 가축이 사는 동안 조금 더 자연스럽고, 편안한 환경을 만들어주고, 건강한 먹이를 먹을 수 있다면, 인간도 이 생명을 몸으로 받아들일 때 감사한 마음을 가질 수 있다면, 변화는 서서히 일어나지 않을까요. 하… 어쨌든 고기는 좀 줄여야겠습니다. 그동안 너무 많이 먹었습니다.

고라니 S는 내게 돼지를 키울 수 있는 터를 빌려주었으며, 대안축산연구회의 회장이기도 하다(고장 난 전기 목책기의 주인!). 내가 지켜본 바로는 고라니 S야말로 진정한 마당쇠라고 할 수 있다. 그는 진즉부터 젖소들의 처우를 개선하려고 노력해왔다. 유기축산을 시작한 지 20년 가까이 되는데, 유기축산에서 요구하는 기준보다 더 높은 수준으로 젖소를 돌보고 있다. 우유 생산량을 늘려주는 곡물 사료도 될 수 있는 한 조금만 준다. 우유를 적게 짜는 것이 그의 목표다. 호흡기 질환과 발병에 잘 걸리는 젖소들을 위해 발밑에 까는 깔짚을 자주 교체한다. 송아지 사육장을 넓혀 송아지가 뛰어다닐 수 있게 한다. 이는 외부의 인정을 받기 위한 것이 아니라 스스로의 선善 같은 것인데, 말수 적은 그의 의중을 알 수 없었다(충청도 사람들!). 최근에야 그것이 무엇인지 어렴

풋이 알 수 있는 기회가 생겼다. 올해 고라니 S가 졸업한 고 등학교에 그의 아들이 입학했다. 고라니 S가 그 감회를 적은 글을 가져왔다.

내가 어릴 때부터 우리 집은 젖소를 키웠다. 집 앞마당이 전부 젖소 축사였고, 어린 나의 놀이터였다. 놀이 상대는 당연히 젖소와 송아지들이었다. 우유와 사료를 주고, 여물도 주며 놀던 것이, 몸이 자라면서 그대로 '일'이 되었다. 젖소를 기르는 것은 일로서가 아니라 삶으로 익숙해졌다.

고등학교 시절, 마음 깊게 새긴 것이 있다. '더불어 사는 평민' '농부가 되기 전에 사람이 되어라' '지속 가능한 농업'이다. 농업과 환경, 그리고 이웃과 연관된 것이었다. 그래서 나는 대학 전공을 축산과로 정하지 못했다. 배운 대로라면 식량 작물을 공부해야 할 것 같았다. 그렇게 나는 벼농사를 공부하게 됐다. 집으로 돌아와 가업을 이어 다시 소 키우는 일을 했지만, 학교에서 배운 것을 잊지 않고 살기 위해 노력했다.

젖소를 키우면서 유가공 사업도 시작했다. 그런데 초창기에는 친환경 우유가 아닌 일반 우유였기 때문에 우리 아이들에게는 먹이지 못했다. 내가 만들어 파는 것을 내 아이에게 먹이지 못한다는 것이 많이 괴로워 견딜 수 없었다. 몇년의 고심 끝에 소에게 유기농 사료만 먹이고, 항생제와 약품을 끊어 유기축산 인증을 받게 되었다. 그제야 내가 하는 일에 대해 조금은 마음을 놓았다.

대형 트랙터를 몰고 왕왕거리며 들녘을 누비는 나를 그저 축산 농장 2세로 보는 사람들도 많다. 그러나 내 머릿속은 환경, 농업, 축산업 같은 단어들이 뒤엉켜 항상 복잡하다. 학교에 처음 들어설 때보다 졸업한 뒤의 시간이 점점 길어짐에 따라 그때 새겼던 말들이 조금씩 흐려져 머리가 마비되곤 한다.

어느새 첫째 아이가 자라서 내가 다닌 학교엘 가고, 아빠가 하는 농사를 하고 싶다는 말을 했다. 진심인지는 모르겠지만 일단 기분은 좋다. 아들이 나를 보고 '아버지가 나쁘게만 살지는 않았구나' 하는 생각을 하는 것 같아 안도감도 든다. 학교에서 배웠던 것들을 다시 토해내어 되새김질할 때가 되었음을 느낀다. 아들이 집을 떠나 있는 동안 나는 '돌아오고 싶은 농장'으로 만드는 데 힘쓰려 한다.

현대의 축산업은 농사와 분리된 하나의 산업이 되었다. 효율화 혹은 수익성이라는 단어로 분업화되었다. 각 집의 마당에서 유기적이고 다양한 역할을 맡던 가축은 축사로 모였다. 동물을 먹이기 위한 농사를 따로 지어야 했다. 분뇨는 퇴비가 아니라 폐기물이 되었다. 가축※畜이라 부를 수 있는 관계는 사라지고, 생태계로부터 단절되었다.

우리는 대안 축산을 공부하기 위해 몇몇 대안 축산 농장을 찾아갔다. 야산 그대로를 방목장으로 쓰는 농장도 있었고, 작은 농가들이 연합해서 공동으로 운영하는 곳도 있었다. 소비자와 직거래를 하는 곳도 있었고, 소비자생활협동조합(생협)과 계약 생산하는 곳도 있었다. 야산의 방목장에서는 밥시간을 알리면 돼지 무리가 산에서 우르르 뛰어내려왔다. 어른 돼지, 새끼 돼지가 분리되지 않고 함께 컸다. 인근 농가에서 사과즙을 짜고 남은 부산물을 가져다 먹인다고 했다. 농부들은 돼지가 먹는 사료를 직접 만들었다. 그들은 가축이 무얼 먹는지 알았다. 보통의 자연양돈 농가는 쌀겨를 기본으로, 주변에서 구할 수 있는 농부산물을 넣어 발효해 사료를 만들었다.

자연양돈 농장은 소비자가 믿을 수 있는 작은 규모를 유지한다. 신뢰를 보증하는 별도의 인증기관이 필요하지 않았다. 송곳니를 뽑지 않고, 꼬리를 자르지 않는다. 깨끗하고 넓은 집에서 자라는 돼지에게는 약이 필요 없다. 자연 교미를 하고 새끼를 낳는다. 보통 100여마리 정도의 적정 마릿수를 유지한다(2019년 우리나라 양돈 농가 한곳당 평균 돼지 마릿수는 1800마리 이상이다). 농장에서는 똥 냄새가 나지 않았다.

자연양돈 농장에서 직접 식당을 운영하는 곳도 있었다. 돼지 뼈를 고아 만든 국밥은 담백하면서도 깊은 맛이 났다.

구이용, 수육용으로 부위를 섞어 특정 부위만 판매되는 것을 방지했다. 남는 부위는 소시지를 만들어 버리는 고기가 없도록 했다. 자연양돈계에 문제가 있다면, 가격보다는 이런 문제에 관심 있는 소비자가 최후에는 채식주의자가 되어 버린다는 것이다. 한때 고기를 열심히 사 먹던 나와 주변 친구들도 결국에는 채식을 하는 것으로 귀결되었다.

자연양돈을 이야기하면 사람들은 가격 이야기를 꺼냈다. 지금과 같은 양을 먹으려면 가격은 올라가게 되어 있다. 당연히 지금처럼 저렴한 가격으로 삼겹살을 먹을 수 없다. 하지만 내 생각에 구이용이 아닌 국거리용이나 조림용 고기도 먹는다면 비용이 급격하게 변하지는 않을 것 같다. 지금 우리에게 필요한 것은 싼 가격이 아니라 적정한 가격이다. 싼 가격은 고기를 많이 먹는다는 걸 전제로 설정된다. 적정량의 고기를 먹는다면 전체 비용은 오르지 않을 것 같다. 가축 전염병 발생으로 인한 매몰 비용과 보상금, 지나친 육류 섭취로 인류가 겪고 있는 각종 질병을 생각한다면 무엇이 저렴한 것인지 고심해보아야 한다.

돼지가 행복해야 사람도 행복하다.

2부 생명과 고기 사이

내가 사는 마을, 평촌

농촌에서 살아가면서 일하는 사람들이 농촌을 즐기지는 않는다면, 소중하고 또 필요하기도 한 삶의 일부분이 누락된 것이라고 말할 수 있다. 장소와 친밀한 관계를 맺으면서 거기에서 생계를 얻을 수 있는 규모의 농장을 꾸려가는 가족들에게는, 그 장소에서의 경제활동 자체가 농촌에서의 삶의 주된 즐거움이기도 한 것이다. 물론 매일, 모든 일이 즐거울 수는 없을 것이다. 그러나 자신의 가축을 사랑하는 농부들에게 있어서는 가축이 풀을 뜯어 먹는 것을 지켜보거나, 겨울철에는 자신이 직접 여물을 만들어 동물들에게 주는 행위 역시 그 자체가 즐거움이다. 거의 끊임없이 이어질 수밖에 없는 관리 및 보수 작업, 즉 낡거나 고장 난 도구들을 살려내는 일에도 즐거움이 따른다. 자신의 땅에서 좋은 식품을 재배하여, 가공하고, 요리하고, 먹는 일에도 즐거움이 동반된다. 더구나 이러한 삶의 핵심 그리고 농장 일의 주위에는 역시 그 나름으로 우리 삶을 부양하고 있지만 대체로 값싸거나 공짜인 또 다른 즐거움들도 모여 있는 것이다.*

부모님에게 채식 선포를 하던 날이 기억난다. 출가한 아들이 오랜만에 집을 방문한 날이었고, 우리는 외식을 앞두고

* 웬델 베리 「농부가 없는 농토」, 김태언 옮김, 『녹색평론』 2021년 3-4월호 84~85면.

에필로그

있었다. 돼지갈비로 할지 갈비탕으로 할지 메뉴에 대한 갑론을박이 오고 갔다. 흥분이 고조되고 있었다. 그러던 차에 벌어진 나의 깜짝 채식 선포는 메뉴를 콩나물국밥으로 정리시켰다. 고기 없이 밥을 못 먹는 형은 나락으로 떨어진 듯한 표정을 지었다.

둘째의 채식을 부모님은 '가난'으로 받아들였다. 그로부터 6년이 흘렀지만, 이후의 대화는 모두 '너는 가난해서' 식의 핀잔으로 끝맺었다. 나의 부모님 세대의 구원은 가족들 입에 고기 한점 더 넣어주는 것이었다. 존경하는 나의 부모님은 사랑하는 손주가 오는 날이면 고기를 사놓으셨다.

'먹방'의 시대다. 고기의 식감에 대해, 육즙에 대해 우리는 말한다. 단백질 보충이나 힐링에 대해 이야기한다. 하지만 고기도 한때 숨 쉬는 생명이었다는 것을 우리는 말하지 않는다. 우리처럼 감정이 있고, 생각이 있고, 따뜻한 피가 흘렀다는 사실을 기억하지 않는다. 그들이 어떻게 자라고 어떻게 죽어서 우리에게 오는지 생각하지 않는다. 매년 가축 전염병이 돌고, 축종별로 돌아가며 수많은 동물이 땅에 묻힐 때에야 우리는 비로소 가축이라는 존재를 본다.

갑작스러운 동물의 출현을, 이 찰나의 만남을 우리는 '먹방의 이면'으로 연결 짓지 못한다. 미디어는 가축 전염병이 인간에게 전염되지 않는다는 사실을 재차 확인하고, 고기

가격이 오를 것인지 떨어질 것인지에 대해 조망할 뿐이다. 철새에게, 멧돼지에게, 외국인 노동자에게, 부주의한 농장주에게 책임을 돌린다. 우리는 자성의 기회를 놓치고, 가축 전염병은 반복된다.

공장식 축산이 최악의 동물 학대라는 것을 나는 조금도 의심하지 않는다. 공장식 축산은 동물권이 아니라 인간 윤리의 문제로 보아야 한다. 가축은 우리 사회의 이면이고 우리 자신이다. 생명에 대한 감각을 잃은 것, 그 자체로 우리는 이미 벌을 받고 있는 것인지도 모르겠다.

자연양돈 돼지를 만나고도 마음 한편은 어쩐지 불편했다. 돼지도 죽는 순간 울부짖었다. 생명을 먹는 일을 마주해 보고 싶었다. 돼지 삼남매는 매일 대면해야 하는 눈앞의 질문이었다. 돼지를 기르고 잡아먹으며 '평등'에 대해 생각했다. 높고 낮음 없이 평등한 관계가 평화平和라고 배웠다. 단순히 먹지 말아야 한다는 의미를 넘어 서로가 고귀해질 수 있다면, 돼지도 살아 있는 동안 존중받고 건강하게 살 수 있다면, 우리는 구원받을 수 있지 않을까. 가축과 인간이 지난 수천년간 평화로웠듯이 말이다.

싸게 많이 먹는 소비문화는 생명을 억압하는 사육 방식, 미래 자원까지 고갈시켜가며 생산하는 '공장식 농장'과 연결되어 있다. 이 소비와 생산의 고리가 가축과 인간의 관계를 왜곡한다. 이 왜곡이 결국은 우리가 살아가는 기반을 무너뜨리고 있다.

산업은 때에 따라 축산인을 앞세워 피해자의 모습을 띤다. 축산업의 말단에 있는 축산인도 왜곡된 삶을 살아간다. 가축 전염병 때문에 본인의 자유가 제약되고, 이웃을 잠재적 민원인으로 여기며 산다. 이미 규모가 커진 축산업의 현실에서 소규모로 전환하기는 쉽지 않을 것이다. 하지만 가야 하는 길이라면 정책과 법률이 전환의 길을 터주어야 한다. 다양한 변화의 길을 앞장서 걸어가고 있는 분들의 노력을 응원하고 싶다.

나의 이야기가 직접 도축해야만 돼지를 먹을 자격이 있다는 뜻으로 읽히지 않기를 바란다. 고기의 이면을 더 많은 사람들이 알면 좋겠다고 생각했다. 고기는 3분 요리처럼 '띵동' 하고 나오는 게 아니라는 걸 말하고 싶었다. 고기 이전에 돼지가 있고, 돼지는 인간과 연결되어 있다. 어떤 고기를 먹을지 선택하는 것은 개인의 자유지만, 그 이면까지 알고 선택할 때에야 비로소 진짜 자유롭다고 말할 수 있지 않을까.

마당에서 돼지 기르기는 혼자 할 수 있는 일이 아니었다. 터를 마련하는 일부터 먹이를 구하는 일, 잡는 일도 혼자 할 수 없었다. 모두 친구들이 함께한 덕분에 가능했다. 이웃이 필요했다. '평촌平村'은 평평했던 지대를 일컫는 우리 동네의 옛 지명이다. 평평한 공동체가 있었기에 이 여정이 가능했다는 말을 꼭 하고 싶다. 평평한 마을에서 평등한 관계와 평화로운 생태계를 꿈꾸어볼 수 있었음에 감사드린다.

참고 자료

참고문헌

강마야·오혜정 「충청남도 축산 문제 해결을 위한 통합 정책: 에너지·환경·식량 넥서스 관점」, 『충남리포트』 제332호, 충남연구원 2018.

강호정 『다양성을 엮다』, 이음 2020.

김남희·황원무·이정구·이성모·양돈식·이창희·김성재·한정희 「도축돈에 대한 호흡기 질병의 병리학적 조사」, 『한국가축위생학회지』 제34권 제4호, 2011.

루트위치, 리처드 『돼지』, 윤철희 옮김, 연암서가 2020.

맥기, 해럴드 『음식과 요리』, 이희건 옮김, 이데아 2017.

미야자와 겐지 『플랜던 농업학교의 돼지』, 차주연 옮김, 달팽이출판 2016.

밀리건, 토니 『채식의 철학』, 김성한 옮김, 휴머니스트 2019.

바버, 댄 『제3의 식탁』, 임현경 옮김, 글항아리 2016.

박준홍 「환경 내 항생제 내성 세균 및 유해성에 관한 국내 조사 현황」, 『감염과화학요법』 40권 2호, 2008.

베리, 웬델 「농부가 없는 농토」, 김태언 옮김, 『녹색평론』 2021년 3-4월호(통권 177호).

샐러틴, 조엘 『돼지다운 돼지』, CR 번역연구소 옮김, 홍성사 2020.

샐러틴, 조엘 『미친 농부의 순전한 기쁨』, 유영훈 옮김, 알에이치코리아 2012.

신호상 「항생제, 강 생태를 위협하다」, 『작은것이 아름답다』 268호, 2019.

양희전·박성준·강선희 「제주 토종흑돼지를 이용한 한국형 가족단위 유기축산모델 연구 및 활용방안」, 『유기농업과 토종자원』, 대산농촌재단 2011.

우치자와 쥰코 『그녀는 왜 돼지 세 마리를 키워서 고기로 먹었나』, 정보희 옮김, 달팽이출판 2015.

원중연 「가족농 단위 농가 내 경축순환 영농을 위한 적정규모 산출 및 표준화」, 『지역을 살리는 농업, 지역이 살리는 농촌』, 대산농촌재단 2014.

유엔식량농업기구 『멧돼지의 아프리카돼지열병 생태와 차단방역』, 국립생태원·국립공원공단 외 옮김, 국립생태원 2020.

윤순식 「도축돈에서 관찰되는 주요 호흡기 질병」, 『Pig & Pork』 제28권 제11호, 2015.

정석찬·임숙경·이희수·정병열·이지연·양창범·신형철 「동물에 사용되는 항생제 현황과 내성균」, 『감염과학요법』 40권 2호, 2008.

정영호·박시린 「토종흑돼지 사육을 위한 자급사료 제조와 이용」, 『소농에게 적합한 친환경 농업기술과 농가공유통』, 대산농촌재단 2018.

캐롤런, 마이클 『값싼 음식의 실제 가격』, 배현 옮김, 열린책들 2016.

케이건, 셸리 『어떻게 동물을 헤아릴 것인가』, 김후 옮김, 안타레스 2020.

콰먼, 데이비드 『인수공통 모든 전염병의 열쇠』, 강병철 옮김, 꿈꿀자유 2017, 개정판 2020.

클라인, 나오미 『이것이 모든 것을 바꾼다』, 이순희 옮김, 열린책들 2016.

폴란, 마이클 『요리를 욕망하다』, 김현정 옮김, 에코리브르 2014.

폴란, 마이클 『잡식동물의 딜레마』, 조윤정 옮김, 다른세상 2008.

한승태 『고기로 태어나서』, 시대의창 2018.

황윤 『사랑할까, 먹을까』, 휴 2018.

참고 영상

「100억의 식탁」(10 Milliarden), 발렌틴 투른 감독 2015.

「검은 삼겹살: 금겹살의 비밀」, 전주MBC 2016.

「더 게임 체인저스」(The Game Changers), 루이 시호요스 감독 2018.

「도미니언」(Dominion), 크리스 델포스 감독 2018.

참고 자료

「물의 반란」(2부작), 전주MBC 2009.

「소에 관한 음모」(Cowspiracy), 킵 안데르센·키건 쿤 감독 2014.

「옥수수의 습격」(2부작), SBS 2010.

「우리는 왜 육식을 멈추고 채식을 사랑하게 되었나?」(What the Health),
　　킵 안데르센·키건 쿤 감독 2017.

「육식의 반란」(3부작), 전주MBC 2012~2014.

「풍요로운 시대의 종말」(2부작), 전주MBC 2008.

돼지를 키운 채식주의자

초판 1쇄 발행/2021년 6월 1일
초판 4쇄 발행/2024년 10월 31일

지은이/이동호
펴낸이/염종선
책임편집/곽주현 홍지연
조판/신혜원
디자인/로컬앤드
펴낸곳/(주)창비
등록/1986년 8월 5일 제85호
주소/10881 경기도 파주시 회동길 184
전화/031-955-3333
팩시밀리/영업 031-955-3399 편집 031-955-3400
홈페이지/www.changbi.com
전자우편/human@changbi.com

ⓒ이동호 2021
ISBN 978-89-364-8677-8 03300

* 본 도서는 카카오임팩트의 출간 지원금과
  무림페이퍼의 종이 후원을 받아 만들어졌습니다.